L'AVENIR DU MODÈLE JURIDIQUE PRIVÉ FRANÇAIS EN AFRIQUE NOIRE FRANCOPHONE

Patrice Samuel Aristide BADJI

L'AVENIR DU MODÈLE JURIDIQUE PRIVÉ FRANÇAIS EN AFRIQUE NOIRE FRANCOPHONE

Préface du Pr Rémy Cabrillac

Avant-propos du Pr Laurent Gamet

Postface du Pr Fatou Kiné Camara

L'Harmattan Sénégal

10 VDN, Sicap Amitié 3, Lotissement Cité Police, DAKAR

direction@senharmattan.com
librairie@senharmattan.com

ISBN : 978-2-336-43359-2
EAN : 9782336433592

Avertissement

Les propos développés dans le présent ouvrage ne lient à aucun moment les illustres et talentueux collègues qui ont eu la gentillesse et l'amabilité d'accepter d'en rédiger la préface, l'avant-propos et la postface. Ils sont considérés comme personnels à leur auteur.

Dédicace

À Monsieur Laurent Gamet, Professeur de droit à l'Université Paris-Est-Créteil, Doyen de la Faculté de droit, celui grâce à qui tout a été possible !

Aux Miens

À Mon épouse VERONIQUE pour son soutien constant et indéfectible.

À mes Maîtres à penser.

Remerciements

Remerciements renouvelés à Madame la Professeure Fatou Kiné Camara, au Professeur Rémy Cabrillac et à Laurent GAMET, Professeur de droit à l'Université Paris-Est Créteil Val-de-Marne (Paris XII), Doyen de la Faculté de Droit pour leur contribution inestimable à l'avancée de la science juridique.

Merci à toutes les personnes qui nous ont encouragé, soutenu moralement.

Liste des sigles et abréviations

A.O.F :	Afrique Occidentale française
A.E.Q :	Afrique Équatoriale française
C.F.J :	Centre de Formation Judiciaire
CCI :	Chambre de Commerce Internationale
CCJA :	Cour Commune de Justice et d'Arbitrage
C.I.R.C.O.F.S :	Comité islamique pour la réforme du code de la famille au Sénégal
C.I.R.D.I :	Centre International pour le Règlement des différends relatifs aux investissements
CNUDCI :	Commission des Nations unies pour le Droit du Commerce International
C.O.C.C :	Code des obligations civiles et commerciales
CVIM :	Convention de Vienne sur la vente internationale de marchandises
ENA :	Ecole Nationale d'administration
ERSUMA :	Ecole Régionale Supérieure de la Magistrature
J.O.R.S :	Journal Officiel de la République du Sénégal
LPA :	Les Petites Affiches

OHADA :	Organisation pour l'harmonisation en Afrique du droit des Affaires
OPA :	Offre publique d'Achat
PACTE :	Plan d'action pour la croissance et la transformation des entreprises
PMA :	Procréation médicalement assistée
P.U.F :	Presses Universitaires de France
RASPOS :	Revue Africaine de Sciences Politiques et Sociales
RDAI :	Revue de droit des affaires internationales
RGD :	Revue générale de droit
RID :	Revue Internationale de droit comparé
RIDE :	Revue Internationale de Droit économique
RI.E.J :	Revue Interdisciplinaire d'études Juridiques
RJPIC :	Revue Juridique Politique Indépendance et Coopération
RSD :	Revue Sénégalaise de Droit
TIC :	Technologies de l'information et de la communication
V. :	Voir

Sommaire

Préface

Le Code civil français a rayonné dans les cinq continents tout au long des XIX et XXème siècles. Imposé parfois par la force des armes, les armées napoléoniennes en Europe ou la colonisation en Afrique, il s'est imposé ensuite par la force de la raison. C'est ainsi qu'au lendemain des indépendances, les États africains sont restés fidèles au modèle codificateur français.

La seconde moitié du XXème siècle et les premières années du XXIème siècles ont incontestablement été marquées par un déclin du modèle juridique français. Les raisons en sont multiples : raisons techniques liées au vieillissement du Code civil et au développement du *Common law* ; raisons politiques et culturelles tenant à l'affaiblissement du rôle de la France dans le monde. A ces différentes raisons s'est ajouté depuis peu en Afrique un rejet de l'héritage français, né de ces maladresses réciproques qui peuvent parfois conduire, si l'on y prend garde, à la fâcherie de vieux amis.

Le professeur Patrice Badji, dans son bel ouvrage solidement argumenté et fondé sur une riche documentation, montre très bien l'influence du modèle français avant les indépendances et au lendemain de celles-ci dans l'Afrique noire francophone. Il expose également avec autant de rigueur scientifique le déclin contemporain de cette influence, ses origines et ses manifestations.

Pourtant, le modèle juridique français possède de nombreux atouts qui pourraient permettre un renouveau. Le déclin du modèle juridique français n'empêche pas son profond enracinement dans les pays qui l'ont adopté, enracinement qui réduit considérablement ce déclin. L'Afrique en témoigne, à travers l'insolent succès de l'OHADA. De plus, loin d'en pâtir, le droit français pourrait bénéficier des évolutions géopolitiques de notre monde contemporain. Le maintien d'une pluralité de modèles, souhaitée par une grande majorité des États du monde, joue en faveur du modèle français. Pour relever ce défi, le droit français a su évoluer, le Code civil par exemple, faisant l'objet d'une rénovation, matière par matière, depuis les années 1960.

Au-delà, l'atout fondamental du droit français comme modèle réside dans la survie, tant bien que mal, des qualités qui font son essence. Le droit français repose sur une règle écrite préétablie à laquelle le juge confronte le litige qu'il a à trancher, assurant davantage de sécurité juridique qu'un droit anglo-saxon élaboré par des magistrats au fil des décisions qui leur sont soumises. Surtout, le droit français, qui puise ses racines dans les canonistes et la philosophie des Lumières, demeure profondément humaniste, qualité susceptible de constituer un attrait pour notre modèle dans un monde lassé de la suprématie de l'argent sur l'homme.

Aussi ne peut-on que souscrire aux propos de notre collègue Patrice Badji lorsqu'il écrit que « Le modèle juridique français a encore un bel avenir en Afrique noire ».

Il faut espérer, comme y incite ce bel ouvrage, que les nuages vont se dissiper, que les relations franco-africaines vont se développer sur des bases nouvelles fondées sur une estime réciproque, et que le modèle juridique français pourra continuer à être un trait d'union culturel entre les deux rives de la Méditerranée.

Rémy Cabrillac

Professeur à l'Université de Montpellier

(Faculté de droit et de science politique)

Avant-propos

L'espoir d'une fraternité dans le respect mutuel et le dialogue des cultures

Le présent ouvrage, dont j'ai l'honneur et le plaisir de rédiger l'avant-propos, puise dans les riches conférences du professeur Patrice Badji données à l'Université Paris-Est Créteil Val-de-Marne (Paris XII), qui l'a reçu au printemps 2023 comme professeur invité. Les étudiants de master ont pu l'entendre évoquer les rapports entre les droits d'Afrique noire d'expression française et le droit français. Le prisme de la comparaison est ici particulier, et même sensible : il s'agit du rapport entre le droit du colonisateur et les droits de pays autrefois colonisés.

Le temps long qui nous sépare des indépendances permet de prendre le recul nécessaire pour apprécier le désamarrage des droits africains du droit français, l'*alma mater*. Le propos du professeur Badji, à son image, est nuancé et équilibré. Le plan de l'ouvrage donne une immédiate mesure de cet équilibre : les droits africains sont influencés par le droit français, mais cette influence n'empêche ici ou là des résistances. Tout au long de l'ouvrage, comme avant au fil de ses conférences, le professeur Badji oscille entre ces deux pôles. Les nombreux exemples sont autant d'arguments qui étayent le cadre théorique posé et discuté avec discernement. L'on pourrait dire que l'auteur est un juriste à l'ancienne, au bon sens du terme : le champ de la réflexion ne s'enferme nullement dans une spécialité, il embrasse au contraire largement les différentes branches du droit privé, faisant ainsi montre d'autant de largeur que de profondeur dans la réflexion.

C'est toujours un plaisir que d'échanger avec le professeur Badji. Depuis de nombreuses années, à Paris ou à Dakar, j'ai toujours plaisir à passer du temps en sa compagnie, à me délecter de sa conversation et à fréquenter un collègue fidèle en amitié. Sur un plan scientifique, certes nous parlons la même langue et en dépit des résistances qu'il repère dans la confrontation de nos droits, ces derniers ont des ombres qui souvent se confondent. Mais au-delà de la langue et du droit, les réalités de nos sociétés ne sont pas les mêmes. Elles se distinguent très largement par les mythes qui les fondent et les inspirent ; et les peuples que nos droits gouvernent sont, de loin, différents. La communauté de langue et de droit pourrait être ici des trompe-l'œil et seuls de longs échanges à la Faculté, mais aussi de sympathiques conversations au bruit des flots des Almadies ou bien encore dans les couloirs du musée d'Orsay, aident à mieux cerner l'altérité.

L'on peut regretter que les juristes de l'ancien empire colonial ne soient pas plus nombreux à entretenir ces conversations d'outre-mer. Puissions-nous inspirer nos élèves à raviver ce dialogue. Assurément, nous les y encourageons. Il en va du progrès de la connaissance et, s'il faut le dire avec emphase, de la paix entre les Hommes, plus encore à l'heure des vives tensions internationales que nous connaissons. Que vive « *l'espoir d'une fraternité dans le respect mutuel et le dialogue des cultures* » (Léopold Sédar Senghor) !

Laurent Gamet
Professeur de droit à l'Université Paris-Est-Créteil Val-de-Marne (Paris XII)
Doyen de la Faculté de droit

Introduction

« Le droit est naturellement un vecteur de puissance, et un élément de l'identité culturelle, et naturellement une matière stratégique », Laurent Cohen-Tanugi, « Droit civil et common law : un faux débat », *in Le modèle juridique français : un obstacle au développement économique ?* Colloque organisé par la Fondation pour l'innovation politique sous la direction de Frédéric Rouvillois, Dalloz, 2005, p.25.

1.Chaque système de droit traduit une histoire, une culture, un mode de pensée[1]. Pourquoi donc des auteurs africains[2] s'intéresseraient-ils à l'avenir du modèle de pensée juridique privée de la France, au regard de la diversité des ordres juridiques voire la territorialité du Droit ? De même, poser la vocation juridique africaine uniquement à l'intérieur du droit français comme si l'un devait être nécessairement le

---

[1] VEAUTE Monique, « Ouverture du Colloque » *in* Existe-t-il une culture juridique francophone ? Presses de l'Université Toulouse 1 sciences sociales, 2007, p.22.

[2] V. MBAYE Kéba, « Le destin du Code civil en Afrique », *in* Le Code civil 1804-2004, Livre du Bicentenaire, Dalloz, Litec, 2004, pp.443 et s ; MINKOA SHE Adolphe, *in* Le Code Civil face à son destin, La Documentation française, 2006, 262 pages ; Du même auteur, « Le Code civil des Français, un modèle utilisé dans les pays d'Afrique francophone », *in* Code civil et modèles des modèles du Code au Code comme modèle, ouvrage collectif, L.G.D.J, 2005, p.523 et s ; DJIOGUE Grégoire, « Quel avenir pour le modèle juridique français en Afrique ? », *in* Quel avenir pour le modèle juridique français dans le monde ?, Economica, 2011, pp.83-109.

prolongement de l'autre ; nous rappelle justement le mulet nanti d'œillères et qui chemine tout droit. Les œillères c'est ce qui permet au maître de se soustraire à l'obligation de marcher devant et de tirer la bête, qui exige tout de même un certain effort. Il lui suffira alors de poursuivre paisiblement, derrière, et tout rentrera dans l'ordre[3]. Cette situation décrite ci-dessus pourrait rendre la présente étude sans intérêt et ce d'autant que des réflexions ont déjà été menées en ce sens[4], sans occulter la concurrence normative subie par la France[5]. C'est oublier néanmoins qu'en dépit de l'indépendance des États africains, il existe encore une unité de destin entre les

---

[3] WADE Abdoulaye, « L'Afrique noire doit-elle élaborer un droit positif ? », Présence Africaine, n° Spécial, Le premier congrès international des Écrivains et des artistes noirs, 12-22 Septembre 1956, p.317.

[4] V. En plus des écrits mentionnés à la note de bas de page 2, V. *Le modèle juridique français contraire au développement économique ?* Colloque organisé par la Fondation pour l'innovation politique, sous la direction de Frédéric Rouvillois, Dalloz, 2005, 144 pages.

[5] Les rapports *Doing Business* 2004 et 2005 ont relaté le faible degré d'attractivité du droit français par rapport au droit anglo-américain. Très vite, une levée de boucliers a été observée de la part de la Fondation droit continental, à travers plusieurs articles de doctrine ; Le modèle juridique français : un obstacle au développement économique ? Colloque organisé par la Fondation pour l'innovation politique sous la direction de Frédéric Rouvillois, Dalloz, 2005, 144 pages ; VEAUTE Monique, *op.cit.*, p.21. L'auteur a écrit ceci : « Ce qui nous heurte, nous francophones, c'est l'idée qu'il existerait un système juridique définitivement et universellement meilleur, qui aurait vocation à se substituer, à plus ou moins brève échéance, à tous les autres. Cette idée est dangereuse. Car chaque système de droit traduit une histoire, une culture, un mode de pensée. Ce à quoi nous sommes opposés, c'est à un système juridique unique, uniforme, qui risquerait en réalité de traduire la loi du plus fort sur les plus faibles et d'accroître les inégalités. Nous sommes attachés à l'existence de plusieurs grands systèmes juridiques, qui puissent dialoguer, se féconder, s'améliorer mutuellement, et entre lesquels existent des passerelles. Nous sommes attachés à la diversité des systèmes de droit au même titre que nous défendons la diversité linguistique et la diversité culturelle ».

anciennes colonies et la France[6] et que certaines lois françaises mettant en jeu des problématiques de RSE et de droits de l'homme peuvent être invoquées même en Afrique[7]. C'est l'exemple de la loi de 2017 sur le devoir de vigilance des sociétés mères et sociétés donneuses d'ordre. De même, l'attachement profond des pays africains au modèle contractuel français ne fait l'ombre d'aucun doute. A preuve, le financement du projet de texte uniforme portant droit général des obligations dans l'espace OHADA par la fondation Droit continental. En outre, s'interroger sur l'avenir de la culture juridique française, loin d'être une prétention, constitue une nécessité d'autant que le droit français a servi de modèle aux États d'Afrique Noire francophone, qu'il a été qualifié par Jacques Chirac de : « meilleur et plus efficace des ambassadeurs de notre système juridique »[8]. Poser pareille question constitue une attitude raisonnable dans la mesure où selon le Professeur Rémy Cabrillac, si l'histoire nous montre (...) la réalité de l'existence du modèle juridique français, elle illustre cruellement son déclin contemporain[9]. S'inscrivant

---

[6] FOYER Jean, « Les destinées du droit français en Afrique », PENANT, 1962, pp.1-6.

[7] PAILLER Pauline, « Les sociétés face aux investisseurs », Revue des sociétés, 2023, p.505 ; BONNEAU Thierry, « L'originalité de la finance verte », Revue des sociétés, 2023, p.501 ; URBAIN-PARLEANI Isabelle, « Les relations assemblées et organes de direction : les résolutions climatiques », Revue des sociétés, 2023, p.494 ; TREBULLE François Guy, « L'accueil en droit des enjeux environnementaux, sociaux et de gouvernance », Revue des sociétés, 2023, p.471 ; LECOURT Benoît, « Le comité des parties prenantes », Revue des sociétés, 2023, p.487 ; COURET Alain, « Le nouveau visage de la vie sociétaire », Revue des sociétés, 2023, p.508.

[8] *Le Code civil 1804-2004, Livre du bicentenaire*, Dalloz, Litec, 2004, p.4.

[9] CABRILLAC Rémy, « Quel avenir pour le modèle juridique français dans le monde ? », Rapport introductif, ECONOMICA, 2011, p.3.

dans la même logique, Thierry Revet affirmait que le Code civil n'est plus un modèle[10]. De même, c'est taire le fait que dix ans après les années d'indépendance en 1960, des comptes ont été faits sur le droit des États africains[11]. La plupart des écrits relatifs aux dix ans d'application du droit en Afrique ont entre autres tourné autour des résistances traditionnelles au droit moderne, lesquelles sont loin d'être un phénomène particulier aux États africains[12]. Plus de soixante ans après, refaire le même exercice n'est pas dénué d'intérêts. L'intérêt de l'ouvrage pourrait également se justifier par le fait que la plupart des États d'Afrique au sud du Sahara, c'est-à-dire d'Afrique noire[13], partagent, avec la France, une même langue[14], situation qui a suscité la question ci-après : existe-t-il une culture juridique francophone ?[15] Si pour certains auteurs la réponse à cette question est mitigée[16], pour

---

[10] REVET Thierry, Rapport de synthèse, *in* Le Code civil et modèles, Des modèles du Code au Code comme modèle, LGDJ, 2005, p.599.

[11] AMEGA Louis Koffi, « Dix ans de droit en Afrique noire », PENANT, 1972, n°737, p.286.

[12] V. Pour le cas de la France, SAVATIER René, « Universalisme renouvelé des Disciplines juridiques », Dalloz, 1959, p.56.

[13] AMEGA Louis Koffi, *op.cit.*, p.285.

[14] Ce partage d'une même langue s'inscrit dans un cadre très organisé dénommé « francophonie » qui est à la fois un phénomène culturel et un projet de communauté. V. GOELAN Jean-Louis, « L'Afrique d'expression française et la francophonie », PENANT, 1969, n°723, pp.1-32.

[15] *Existe-t-il une culture juridique francophone* ? Sous la direction d'Henry Roussillon, Presses de l'Université de Toulouse 1, sciences sociales, 2007, 307 pages.

[16] KUYU Camille, « Propos introductifs : tendances générales et actuelles », *in* Existe-t-il une culture juridique francophone ? *op.cit.*, p.93. Selon l'auteur, si du point de vue du droit positif il existe une similitude dans la formulation de la règle de droit par les juristes de l'espace francophone, du point de vue anthropologique en revanche, les pratiques juridiques observées dans l'espace francophone sont polymorphiques pour constituer des éléments d'une culture juridique commune.

d'autres, une réponse négative devrait être avancée[17]. Pourtant, si nous convenons avec Jacques POUMAREDE que le droit et la langue sont des marqueurs de l'identité[18], avec Camille KUYU que du point de vue du droit positif, il y a une similitude dans la formulation de la règle du droit par les juristes de l'espace francophone[19], même si l'on admet la concurrence subie par la langue française, la diversité culturelle dans l'espace francophone ainsi que l'absence de conscience du peuple ou de « moment fondateur » (vision du monde, philosophie)[20], un autre marqueur de la culture. C'est

---

[17] Telle est la position adoptée par les professeurs Jean du bois de GAUDUSSON et Anne-Marie Le POURHIET. Pour le premier, on ne saurait établir de lien entre la francophonie et la culture juridique. Toujours selon lui, il n'existe pas de droit francophone encore moins de famille francophone. Pour le second, partant du fait qu'en France, la majeure partie des lois sont une transposition voire un recopiage servile des directives européennes, qui non seulement ne sont pas rédigées en Français, mais également véhiculent un modèle juridique anglo-saxon mêlé de germanisme, on ne peut parler de culture juridique francophone. V. Respectivement DE GAUDUSSON Jean du Bois, « Propos introductifs », *in Existe-t-il une culture juridique francophone ?* sous la direction d'Henry Roussillon, Presses de l'Université des sciences sociales de Toulouse, 2007, pp.28-29 et LE POURHIET Anne-Marie, « Propos introductifs », *in Existe-t-il une culture juridique francophone ? op.cit.,* pp.39-40. *Adde* ABDELHAMID Hassan, « Regard du philosophe : langue, langage du droit et culture (un phénomène d'interaction), *in* Existe-t-il une culture juridique francophone ?, *op.cit.*, p.77 L'auteur se base sur la diversité culturelle qui prévaut dans la Francophonie.

[18] POUMAREDE Jacques, « Regard de l'historien », *in* Existe-t-il une culture juridique francophone ?, p.50. Selon MEILLET, tout vocabulaire exprime une civilisation. Si l'on a, dans une large mesure, une idée précise du vocabulaire français, c'est qu'on est informé sur l'histoire de la civilisation en France. MEILLET A, *Linguistique historique et linguistique générale*, t.II, Paris, Klincksieck, 1938, p.145.

[19] KUYU Camille, *op.cit.*, p.93.

[20] L'expression est de Hassan Abdelhamid. V. ABDELHAMID Hassan, « Langue, langage du droit et culture (un phénomène d'interaction) », *op.cit.*, p.60.

dire que si la culture juridique francophone est à parfaire[21], on ne saurait nier son existence. L'absence d'adaptation d'un droit au corps social qui devrait l'adopter n'est pas un critère déterminant pour nier l'existence d'une culture juridique francophone car sinon à quoi servirait la sociologie juridique de Jean Carbonnier ?[22] La mise en garde des sociologues, anthropologues, ethnologues, philosophes du droit ne devrait pas être négligée en raison de leur apport inestimable dans l'amélioration du droit. Si ça se trouve, ils ont certainement contribué à l'avènement de la *légistique*[23]. En outre, depuis quelque temps, la France est défiée sur le plan politique par certains États d'Afrique ou des mouvements de la société civile ou politiques. Concernant les États, il est permis de se demander s'ils s'inspireront de l'approche de la Guinée qui, lors des premières années d'indépendance a certes rompu politiquement avec la France, mais adopté une législation civile et commerciale apparentée au Code civil et de commerce[24]. Ce constat traduit tout simplement la prudence en matière de codification[25] et non le désintérêt des hommes politiques pour les questions de statut personnel et de commerce. N'est-ce pas la plupart du temps eux qui font la loi ? C'est dire que celle-ci, loin d'être innocente est le plus souvent idéologiquement chargée. Comment le droit français,

---

[21] Hassan Abdelhamid a d'ailleurs suggéré l'édition d'un « Dictionnaire des cultures juridiques francophones » ; ABDELHAMID Hassan, « Langue, langage du droit et culture (un phénomène d'interaction) », *op.cit.*, p.77.

[22] CARBONNIER Jean, *Flexible droit, pour une sociologie du droit sans rigueur*, L.G.D.J, 2001, 10e édition, 493 pages.

[23] BERGEAL Catherine, *Rédiger un texte normatif, Manuel de légistique*, BERGER-LEVRAULT, 2012, 433 pages.

[24] V. GULPHE Pierre, « Réflexions sur la législation guinéenne en matière de mariage », Annales Africaines, 1969, pp.89-100.

[25] Comme quoi l'acte de légiférer doit être pris au sérieux.

qui, loin d'être un instrument de paix, mais une arme de combat[26], parviendra-t-il à se faire une place en Afrique, en dépit de la présence d'autres ordres juridiques imbibés de pratiques animistes[27], première couche culturelle[28], et islamiques ?

2.S'interroger sur son avenir c'est faire le point sur son passé pour mieux envisager la direction à prendre. Cela peut également signifier prendre conscience du risque que l'on court à savoir par exemple celui de ne pas atteindre ses objectifs ou de ne plus être ce que l'on a été ou représenté. En effet, ce n'est pas faire offense à la France que de dire qu'elle a toujours été un pays dominateur. Ainsi, après le canon, elle s'est servie de la règle de droit pour atteindre ses objectifs. C'est tout le sens de l'*armada* législative sécrétée durant la période coloniale.

3. L'étude que nous nous proposons de mener s'inscrit dans un cadre historique[29] et aborde des thématiques liées au

---

[26] ALLIOT Michel, « Religions d'Afrique et droits d'expression française », *in* Religion, philosophie et droit, RJPIC, n°2, 1984, p.696

[27] V.KIMVIMBA (B.M), « Civilisation noire et justice », RJPIC, 1978, n°3, pp.831-858.

[28] BAGUI (N), « Les conceptions africaines pré-islamiques de la filiation « naturelle » protectrices des droits de l'homme », RJPIC, 1987, n°3, pp.252.

[29] L'approche historique d'un droit est assez éclairante et édifiante pour l'amélioration de la législation contemporaine. L'étude permettra de revenir sur l'état du droit privé durant la période coloniale, lors des premières années d'indépendance et des années 1990 à nos jours. Comme l'écrit Séraphin Néné BI, il est du plus grand intérêt de tenter de comprendre les sociétés africaines de l'intérieur, d'en démêler la trame depuis que l'État colonial a dessiné leurs nouveaux contours. NENE BI Séraphin, *Histoire du droit et des institutions méditerranéennes et africaines, des origines à la fin du Moyen-âge européen*, Les éditions ABC, 2022, p.28. Du même auteur, « Dire le droit ou la re création de la paix en

droit du développement[30], voire droit au développement, à l'appropriation ou à l'accaparement des terres, à la dialectique droit et civilisation, à la codification[31] et à l'identité du droit africain[32]. En effet, la codification a

---

Afrique traditionnelle », *in Dire le droit en Afrique francophone*, Droit Sénégalais, 2013, n°11, p.84. De l'avis de l'auteur : « c'est dans le passé que l'on trouve sa force, sa cohésion présente, sa moralité présente ». Certains auteurs, confortant ce faisant notre approche historique, semblent affirmer que si le droit en Afrique est un impensé c'est en partie dû à la minoration dans le cursus académique des études de l'histoire de la colonisation. V. Sur cette question NDIAYE Isaac Yankhoba et DIOUF Abdoul Aziz, « L'Afrique du droit et le droit en Afrique », RSD, 2023, n°37, p.47 : « L'infécondité du droit positif en Afrique ou plutôt sa faible normativité sociale s'explique par l'hypertrophie du dispositif colonial dans les systèmes juridiques africains ». *Adde* MBOW Amadou Mactar, « Réflexions sur la science et la technologie dans les pays en développement », *in La science et la technologie dans les pays en développement, pour une renaissance scientifique de l'Afrique*, Dakar, ACS, 1992, p.12. Le Professeur a écrit que : « c'est parce que nous n'avons pas su développer une conscience historique suffisante chez nos jeunes que beaucoup d'entre eux ignorent toute cette évolution, pourraient être enclins à croire que nous étions les primitifs que le colonialisme triomphant du XIXe siècle, avec son chantre Gobineau, avait voulu accréditer ».

[30] V. MBAYE Kéba, « Droit et développement en Afrique francophone de l'Ouest », RSD, 1967, n°1, pp.23-81 ; MBAYE Kéba, « Droit et développement en Afrique francophone de l'Ouest », *in* Les aspects juridiques du développement économiques, Dalloz, 1966, pp.121-165 ; LE ROY Etienne, « Droit et développement en Afrique noire francophone après dix années d'indépendance politique », RSD, 1971, n°9, pp.53-72 ; DIOP El Hadji Omar, *Le juge Kéba Mbaye, une vie au service des droits de l'homme*, CREDILA/ OVIPA, 2018, chapitre 6 et 7, pp.131, 169 et s.

[31]MBAYE Kéba, « L'expérience sénégalaise de la réforme du droit », R.I.D.C, 1970, Vol.22, n°1, p.36. Selon l'auteur, la codification c'est la réunion, dans un document unique, de l'ensemble des dispositions qui régissent une matière déterminée.

[32] V. MBAYE Kéba, « Le droit africain, ses voies et ses vertus », RSD, 1970, n°7, pp.5-24 ; KOUASSIGAN GUY, « Culture, famille et développement, RSD, 1977, n°21, pp.101-177 Elias Taslim OLAWALE, *Nature du droit coutumier africain*, Présence africaine, 1961, 325 p ; MBISSANE NGOM, « La jurisprudence civile en quête d'identité », *in Le*

constitué une problématique majeure qui s'était posée au législateur tant colonial qu'africain, une fois l'indépendance négociée ou arrachée. Ainsi, il fallait répondre à la question suivante : Quel droit appliquer en Afrique ? Pour le législateur colonial, la réponse ne souffrait d'aucune ambiguïté : il fallait insuffler en Afrique la civilisation européenne et partant, par exemple, la conception Napoléonienne de la propriété (raisons économiques donc !). Pour ce faire, même si le droit coutumier n'était pas supprimé, il était en revanche complètement réduit à une peau de chagrin ; le juge de l'époque y ayant fortement contribué à travers le recours assez fréquent au concept d'ordre public colonial.

Concernant les législateurs africains, le dilemme auquel ils étaient confrontés relevait également de l'évidence : fallait-il supprimer ou maintenir les coutumes dans la nouvelle législation ? La réponse à cette question était contingente puisqu'elle variait d'un État à un autre, traduisant ainsi la diversité législative de l'Afrique. En effet, il serait illusoire de penser que l'Afrique est unique, forme un bloc monolithique. Loin de là. L'Afrique est plurielle[33] et personne d'ailleurs ne peut prétendre détenir un savoir exhaustif sur elle et, encore moins, incarner à lui seul le continent[34]. Mais lorsque nous parlons d'Afrique, nous ne pensons guère à une entité

---

droit africain à la quête de son identité, Mélanges offerts au Professeur Isaac Yankhoba Ndiaye, L'harmattan Sénégal, 2021, pp.975-990.

[33] NENE BI Séraphin, *Histoire du droit et des institutions méditerranéennes et africaines*, Les éditions ABC, 2022, p.28.

[34] Même s'ils sont prononcés dans un autre cadre, ces propos sont assez révélateurs de la diversité de l'Afrique ; BOUAMANA Said, *Figures de la révolution africaine, De Kenyatta à Sankara*, La Découverte, 2017, p.18.

déterritorialisée[35], mais à l'Afrique subsaharienne, à l'Afrique noire, celle qui a toujours eu mauvaise presse[36] car considérée comme n'ayant participé à l'histoire de l'humanité qu'à partir de la colonisation, passive, immobile[37] ou comme dirait l'autre *L'Afrique des Africains*[38].

Dans tous les cas, il faudrait relever que la majeure partie des États africains, que ce soit ceux qui n'avaient fait aucun effort législatif en continuant d'appliquer le Code civil[39] ou ceux qui ont essayé de se doter de nouvelles règles à l'instar du Sénégal, du Mali, tous se sont orientés vers le droit du développement, bouleversant ainsi, du moins théoriquement[40], le mode de vie des destinataires de la règle

---

35 AMSELLE Jean-Loup, *Branchements, Anthropologie de l'universalité des cultures*, Flammarion, 2001, collection « Champs essais », p.15.

36 DUMONT René, *L'Afrique noire est mal partie*, Seuil, 1962, 286 pages. Contrairement à ce que l'on pourrait penser, l'auteur n'a jamais désespéré de l'Afrique car pour lui, l'Afrique pourrait se développer rapidement à deux conditions : repenser son école, ses cadres, sa structure, se mettre au travail d'une part, coopérer avec l'Europe et le Monde d'autre part.

37 V. *Contra* KI-ZERBO Joseph, *Histoire de l'Afrique noire*, Paris, Hatier, 1972, 702 pages. L'ouvrage vient remettre en cause certaines idées reçues qualifiées de racistes et a pour but de permettre la connaissance du passé de l'Afrique minée par divers obstacles tels que l'absence d'écrits édifiants et la chronologie.

38 WAUTHIER Claude, *L'Afrique des Africains, Inventaire de la Négritude*, Seuil, collection « L'histoire immédiate », 320 pages.

39 Il s'agissait du Togo, Bénin, la Côte d'Ivoire, le Tchad, le Niger, Cameroun, etc. Aujourd'hui la donne a véritablement changé. A preuve, la frénésie législative notée ces dernières années dans ces pays en matière familiale.

40 Si en 1965 le Doyen Roger DECOTTIGNIES avait chanté un *requiem* pour la famille africaine, il démontrera dans la deuxième partie de son article qu'il n'y croyait pas vraiment à travers l'intitulé suivant : « Résurrection de la famille africain ». Et pour montrer qu'il était convaincu de cette résurrection, il écrivit, deux années plus tard dans la *Revue Sénégalaise de droit* ceci, parlant du passé : « Bien innocent serait le juriste

de droit. À coup sûr, la question de l'effectivité de la règle de droit va se poser et elle est loin d'être nouvelle (période coloniale). Selon le Professeur Rémy CABRILLAC, l'effectivité d'un code dépend de plusieurs facteurs[41] :

-l'ignorance des textes par les personnes chargées de l'appliquer telles que les magistrats et auxiliaires de justice. Pour cela, l'auteur cite Treilhard en 1806 à propos du Code de procédure civile[42] et René David en 1962, à propos du Code civil éthiopien[43] ;

-la doctrine notamment universitaire à travers ses enseignements ;

-adaptation du contenu du Code aux populations qu'il est destiné à régir. C'est pourquoi PORTALIS écrivait ceci : « les lois sont faites pour les hommes et non les hommes pour les lois »[44]

---

qui voudrait le supprimer d'un seul trait de plume ». V. respectivement « Requiem pour la famille africaine », Annales Africaines 1965, pp.251-286, « Prière à Thémis pour l'Afrique », RSD, 1967, n°1, p.13. V. Aussi Kéba Mbaye qui disait ceci : « on avait prédit la mort de la coutume africaine. En fait, elle est bien vivante et nous enterrera tous ». MBAYE Kéba, « Allocution au Colloque La résistance du droit africain », RSD, 1977, n°21, p.14.

[41] CABRILLAC Remy, *Les codifications*, PUF, 2002, p.285.

[42] Treilhard cité par SOLUS Henry, « Les réformes de la procédure civile », Mélanges Georges Ripert, 1950, t.1, p.213 : « Ne nous dissimulons pas que le succès de ce Code dépendra beaucoup de l'autorité à qui son exécution sera confiée et des officiers ministériels qui le pratiqueront chaque jour ».

[43] David René, « La refonte du Code civil dans les États africains, Annales Africaines, 1962, p.164. Pour René David : « Dans l'état actuel des choses, il est bien certain pourtant que l'application du Code civil ne peut pas être totale, faute de juristes qui connaissent ce code et soient capables de l'appliquer ».

[44] Discours préliminaire sur le projet de Code civil, p.23.

L'effectivité fait écho à l'identité du droit africain. En effet, quelle valeur accorder par exemple à l'écrit dans une société ayant un fort taux d'analphabétisme ? Pas une valeur substantielle en tout cas.

4.Si nous convenons avec Marcel Mauss que ce qui définit un groupe d'hommes, ce n'est ni sa religion, ni ses techniques, ni rien d'autre que son droit[45], on pourrait se demander si le système juridique des États d'Afrique noire est introverti ou extraverti. Cette question ramène au-devant de la scène le débat de l'acculturation juridique, du pluralisme juridique, concepts sur lesquels nous reviendrons un peu plus tard. Pour l'instant, relevons quelques traits caractéristiques de l'identité du droit africain, dont l'ambivalence car ce droit en question est à la fois extroverti et imbibé des valeurs traditionnelles[46]. L'extraversion du droit africain se manifeste entre autres par la faible influence de l'animisme sur le droit[47]. En effet, christianisme et islam étant les seules voies mystiques nobles, il fallait amputer l'animisme de toute autorité formative et on légiféra pour appauvrir les « bois sacrés » au lieu de constituer autour d'eux le premier cycle de

---

[45] MAUSS Marcel, *Manuel d'ethnographie*, Payot, 2e édition, 1967, p.135.

[46]Mahmoud Mohamed Salah parle de : « saisir l'Afrique contemporaine dans son ambivalence, c'est-à-dire dans le chevauchement en son sein des éléments de la tradition et des éléments de la modernité ». SALAH Mahmoud Mohamed, « La solidarité dans le monde africain (aspects juridiques) », *in* La solidarité, Enquête sur un principe juridique, Odile Jacob, 2015, p.283.

[47] Lilyan KESTELOOT a mis en relief l'élément caractéristique de l'animisme à savoir la force ou l'énergie vitale, laquelle obéit à la hiérarchie des forces, à la loi d'interdépendance. De même, relevons que les Africains ont leur propre conception de la notion de personne, de la mort ainsi que du statut des ancêtres. KESTELOOOT Lilyan, *Introduction aux religions d'Afrique noire*, IFAN, NEAS, 2007, pp.3-12.

la scolarité rurale[48]. L'identité du droit africain se traduit également par la valorisation du poids de la coutume[49], laquelle érige la solidarité en valeur suprême[50]. Il en est de même du tabou, du surnaturel, de la mort[51] et parenté[52]. Comme le disait Lamine Ndiaye, il n'existe pas de société négro-africaine qui ne fonde son organisation sociale essentiellement sur la parenté, qu'elle soit réelle avec la consanguinité, ou rituelle avec la place occupée par la parenté symbolique ou fictive dans le fonctionnement des systèmes sociaux des communautés noires d'Afrique[53]. L'identité du

[48] *L'harmonisation des politiques culturelles africaines*, *op.cit.*, p.7.

[49] Au Sénégal, en matière de statut personnel notamment de filiation, mariage et successions, c'est plus la coutume ouolof islamisée dont l'hégémonie est d'ailleurs fustigée par certains auteurs (CAMARA Fatou Kiné, « Le Code de la famille du Sénégal ou de l'utilisation de la religion comme alibi à la légalisation de l'inégalité de genre », Nouvelles Annales Africaines, n°2, 2008, p.25 : « Et surtout, étant entendu que les Wolof ne sont pas la seule ethnie composant la nation sénégalaise, ni la coutume wolof islamisée la seule en vigueur sur le territoire, au nom de quelle laïcité, au nom de quelle unité nationale, cette coutume wolof islamisée est-elle consacrée à l'exclusion de toutes les autres dans le Code de la famille ?) qui est prise en compte. V. DIOP Abdoulaye Mathurin, « Influence de l'islam sur la codification du droit de la famille au Sénégal », *in* Religion, philosophie et droit, RJPIC, n°2, Avril-Juin pp.382-383.

[50] MOHAMED Mahmoud Mohamed Salah, « La solidarité dans le droit monde africain (aspects juridiques) », *op.cit.*, p.282.

[51] Sur le culte des morts, V. BRUYAS J, « L'Afrique traditionnelle, vivant témoin d'un passé universel », Annales Africaines 1970, pp.43-67.

[52] Sur l'élasticité de la parenté en Afrique, V. DIOUF Abdoul Aziz, *op.cit.,* Droit sénégalais, 2013, n°11, pp.171-172 ; *Adde* THOMAS L. V, « La parenté au Sénégal », *in* Le droit de la famille en Afrique noire et à Madagascar, Études préparées à la requête de l'Unesco sous la direction de Kéba Mbaye, pp.39 et s pour qui, au Sénégal, la parenté revêt six dimensions que sont la filiation, la résidence du couple à partir du mariage, le système d'appellation, l'alliance, les attitudes, les situations particulières (adoption, filiation illégitime).

[53] NDIAYE Lamine, *Parenté et mort chez les Wolof, Traditions et modernités au Sénégal,* L'Harmattan, 2009, pp.33-34.

droit africain s'apprécie enfin à travers les mécanismes de gestion des conflits. Il ne faudrait pas se tromper, l'Africain préfère la conciliation, la médiation à la justice étatique. N'est-ce pas que son avenir dépend de sa capacité à prévenir, à gérer et à résoudre les conflits, à rétablir la paix sociale et à la maintenir ?[54] Ce faisant, le débat sur l'existence réelle ou supposée des droits originellement africains est clos désormais ![55].

---

[54] NENE BI Séraphin, « Dire le droit ou la re création de la paix en Afrique », *op.cit.,* p.83.

[55] V. VANDERLINDEN Jacques, « Les droits africains entre positivisme et pluralisme », Bulletin des séances de l'Académie royale des sciences d'outre-mer, 46 (2000) 279-292) pour qui les valeurs des droits originellement africains n'ont jamais entièrement disparu pendant la colonisation. Il résulte de la lecture de plusieurs écrits que le droit africain constitue l'ensemble des droits qui, en dépit de leur diversité, appartiennent au même système ou à la même famille juridique en raison de leur histoire, du fait qu'ils soient compris dans un ensemble politique, de la similitude de statut, du fait qu'ils partagent ou sont basés sur la même morale. Il faut dire qu'en Afrique, droit et morale se confondent contrairement au droit occidental. V. THIOYE Moussa, « Part respective de la tradition et de la modernité dans les droits de la famille des pays d'Afrique noire francophone », RIDC, 2005, Vol. 57 n°2, pp. 345-397 ; LAMPUE Pierre, « Droit écrit et droit coutumier en Afrique francophone », PENANT 1979, p.245 ; VERDIER Raymond, « Ethnologies et droits africains », Journal de la société des africanistes, 1963, t.33, p.109 ; DIJON Xavier, « Les masques du droit en Afrique. Une lecture européenne des sources de la norme », RIDC, 2009, n°4, p.572 ; DIOUF Abdoul Aziz, « Étude critique de l'impossibilité morale dans la preuve des actes juridiques en Afrique noire francophone » *in* Dire le droit en Afrique francophone Droit sénégalais, 2013, n°11, p.169. Ce dernier auteur établit un lien entre l'impossibilité morale et la coutume en Afrique. La première notion citée pourrait servir à relativiser la distinction opérée entre la famille lignagère et la famille conjugale par les législateurs africains au lendemain des indépendances au nom du développement économique. Ce n'est pas dire que le droit en Occident soit dépourvu de toute morale. En effet, les idées religieuse, philosophique et morale, quoique diffuses dans les relations d'affaires existent. À titre d'exemple, nous pouvons citer le respect de la parole

5. Si certains auteurs se sont évertués à démontrer les caractéristiques du modèle juridique français sans prévoir une définition de cette notion ou ce concept[56], d'autres ont été plus téméraires cependant. Ainsi, pour eux, le mot modèle signifie une figure destinée à être reproduite et imitée en raison de sa perfection[57]. On perçoit de ce fait le lien entre modèle juridique et culture juridique. En effet, faire référence à la culture juridique française permet de comprendre que le droit renvoie à l'histoire, au champ social, à des valeurs, bref, à la culture[58].

Stricto sensu, la culture juridique française se caractérise par :

-le poids de la loi et du code ;

-le poids de la théorie et des concepts[59].

---

donnée, la condamnation du vol, l'interdiction de l'usure, la notion de juste prix. Il est également permis de citer les idées solidaristes en matière contractuelle dont la montée en puissance constitue une évidence. V. HOUIN Roger, « Le droit économique moderne des pays occidentaux est-il dépourvu d'idéal philosophique ou moral ? », RJPIC, 1984, n°2, pp.627-630.

[56] BADJI Mamadou, « Écriture et enseignement du droit », *in* Écriture du droit sous la direction de Nguyen Ngoc Dien, PUT 1 capitole, p.110.

[57] DURAND Bernard, « Le tailleur, ses modèles et « l'outremer » : un pont trop loin », *in* Le tailleur, ses modèles d'hier à demain, Approches juridiques et politiques croisées, France-Sénégal, 2002, p.20.

[58] MOUTOUH Hugues, « Le droit et l'influence internationale de la France », *in Le modèle juridique français : un obstacle au développement économique ?* Colloque organisé par la Fondation pour l'innovation politique sous la direction de Frédéric Rouvillois, Dalloz, 2005, p.80.

[59] MOUTOUH Hugues, « Le droit et l'influence internationale de la France », *in Le modèle juridique français : un obstacle au développement économique ?*, *op.cit.*, p.81.

Le poids de la loi signifie que le législateur est premier, et que la figure tutélaire de la société française est la loi et non le juge[60].

Parler de culture juridique française revient à la comparer avec le système de la *common law* qui est plus empirique et dans lequel le juge dispose d'une plus grande marge de manœuvre. Il ne serait donc pas qu'un « serviteur de la loi »[61]. Le mot est bien choisi sachant que dans les textes, il existe des standards juridiques. Cet état de fait conduit le juge français à intervenir par exemple dans la sphère contractuelle. En outre, prenant à cœur l'interdiction qui lui a été faite à l'article 4 du Code civil de prendre prétexte du silence, de l'obscurité ou de l'insuffisance de la loi pour refuser de juger et craignant d'être poursuivi pour déni de justice[62], le juge précité sort de son confinement à n'être qu'un « serviteur de la loi » pour jouer un rôle beaucoup plus actif à savoir celui de « législateur ».

6.La question que l'on pourrait se poser est celle de savoir si le modèle juridique privé de la France a encore un avenir en Afrique, surtout en ce XXIe siècle, période particulièrement complexe pour ledit pays dans le domaine

[60] MOUTOUH Hugues, *ibid*

[61] V. BADJI Mamadou, « L'idée de codification dans la construction du droit coutumier en Afrique occidentale française au XXe siècle », *in* La codification juridique dans les pays francophones, Presses de l'Université des sciences sociales de Toulouse, 2008, n°7, p.105.

[62] En droit sénégalais, le déni de justice est consacré à l'article 313 du Code de procédure civile.

politique, géopolitique notamment. Que dire alors de la concurrence normative[63], linguistique qu'elle subit ?

7-Notre étude sonne modestement comme une remise en cause du préjugé favorable fait au droit français à savoir celui d'avoir toujours eu une législation supérieure à celle applicable dans les anciennes colonies. Comme l'a si bien écrit Norbert Rouland : « Les valeurs véhiculées par les sociétés traditionnelles ne sont nullement infantiles ou inférieures par rapport aux nôtres, c'est-à-dire celle d'aujourd'hui »[64]. C'est dire donc que l'étude s'inscrit entre autres dans un système de parangonnage ou *benchmarking* en Anglais avec pour objectif de tirer systématiquement profit des autres[65]. C'est tout l'intérêt du droit comparé[66]. Au-delà, elle permet de répondre à la question de savoir si le droit est un moyen ou un bien ; par exemple un bien d'exportation[67],

---

[63] Sur la concurrence normative, V. SALAH Mahmoud Mohamed, « La mise en concurrence des systèmes juridiques nationaux, Réflexions sur l'ambivalence des rapports du droit et de la mondialisation », RIDE 2001, n°3, pp. 251 à 302.

[64] ROULAND Norbert, *Anthropologie juridique*, PUF, Paris, 1990, coll « Que sais-je ? », p.6, n°2528.

[65] MER Francis, Introduction, *in Le modèle juridique français : un obstacle au développement économique* ? Colloque organisé par la Fondation pour l'innovation politique sous la direction de Frédéric Rouvillois, Dalloz, 2005, p.1. Pour l'auteur, le parangonnage c'est de se dire : « voilà comment je peux réévaluer mon propre système, à partir de mes propres valeurs, de mes problèmes, de mes défis et de mes convictions, *à la lumière de ce qui se fait ailleurs* ».

[66] Sur le droit comparé, V. LEGEAIS Raymond, *Grands systèmes de droit contemporains, Approche comparative,* LITEC, 2004, 457 pages ; LAITHIER Yves-Marie, *Droit comparé,* Dalloz, 2009, 255 pages ; HAGUENAU-MOIZARD Cathérine, *Introduction au droit comparé en 10 thèmes*, Dalloz, 305 pages.

[67] LATOURNERIE Dominique, Présentation de la première partie intitulée « Les rapports *Doing Business* de la Banque mondiale » *in Le modèle*

de connaitre les notions de réception, acculturation[68], transfert de droit, de code créé et transplanté (importation d'un code étranger). Il sera également question d'appréhender la représentation que l'on se fait en Afrique de la propriété (à qui appartient la terre ?) et du mariage. Il faut rappeler que dans le continent précité, la terre n'a jamais été perçue que comme un bien immeuble. Elle signifie connexion entre celui qui l'exploite et les dieux sinon comment comprendre le sens des libations ? Cette conception se démarque de celle Napoléonienne qui ne percevait

juridique français : un obstacle au développement économique ? Colloque organisé par la Fondation pour l'innovation politique sous la direction de Frédéric Rouvillois, Dalloz, 2005, p.5. Pour conforter l'idée selon laquelle le droit est un bien, l'auteur cite René David, rédacteur de plusieurs codes et lois en Afrique.

[68] V. Alain MIGNOT pour qui l'acculturation est un choix tenant compte du fait que les États Africains, une fois indépendants ont voulu poursuivre le legs colonial. D'ailleurs pour lui, l'indépendance peut s'analyser en une volonté de récupération par les Africains du système importé dont ils avaient voulu jouir des privilèges alors que c'était sans compter avec le colonisateur. Que les écrits de l'auteur dans le domaine fassent autorité ne souffre d'aucun doute. En revanche, assimiler la décolonisation à l'appropriation du droit occidental par l'élite africaine est discutable car la décolonisation ne saurait se limiter à ce simple constat à savoir un « remplacement ». Elle se traduit en acte (par exemple légiférer dans un sens totalement différent des textes du colon). Elle est un état d'esprit. Comme le disait Kéba Mbaye, la décolonisation du droit revêt deux aspects. Il peut s'agir d'une action purement formelle ou, au contraire, d'une réforme touchant le fond même du droit. Ainsi, les raisons qui en constituent le soubassement sont doubles : les raisons psychologiques (effacement de l'ancien régime) d'une part et les raisons politiques (adaptation du droit aux nouveaux concepts des rapports entre les individus) d'autre part. V. Respectivement MIGNOT Alain, « Droit coutumier et anthropologie juridique (ou réflexions sur les études de droit coutumier) PENANT, 1977, n°757, p.361 et M'BAYE Kéba, « Droit et développement en Afrique francophone de l'Ouest », *in* les aspects juridiques du développement économique, DALLOZ, 1966, pp.135-137.

l'immeuble que comme un moyen ou une occasion d'affirmation d'un pouvoir individuel, quasi-absolu ainsi qu'une source de revenus ou de statut social[69].

Au-delà, nous pouvons viser le phénomène d'acculturation définie comme le fait pour une culture d'origine étrangère d'être greffée sur une culture autochtone[70], ainsi que les diverses stratégies utilisées par le législateur colonial pour persuader les indigènes d'intégrer dans leur mode de vie la conception napoléonienne de la propriété (concession) et du mariage relativement à son essence[71], à l'âge pour fonder un foyer[72], à l'option de monogamie et à la dot[73]. L'importance du présent ouvrage s'apprécie également à travers la mise en relief du dualisme dans le monde judiciaire à l'époque coloniale : une justice pour les colons et assimilés d'une part et une autre pour les indigènes d'autre part. On n'oubliera pas non plus la portée

---

[69] V. Raymond VERDIER qui a écrit ceci : « Notre conception moderne de la propriété s'enracine dans une vision subjectiviste de l'individu qui est pris dans son abstraction d'être isolé, libre, et qui se trouve, en raison même de cette appréhension abstraite, l'égal de chacun et le détenteur d'un pouvoir identique à chacun. C'est cette conception du sujet de droit - et la théorie qui le fonde - qui ont été importées en Afrique, en particulier avec les techniques d'appropriation privative de la terre ». VERDIER Raymond, « Le choix d'une problématique juridique », Chapitre V, *La logique foncière de l'État depuis la colonisation, in Les enjeux fonciers en Afrique Noire, op.cit.,* p.134.

[70] CARBONNIER Jean, *Flexible droit, Pour une sociologie du droit sans rigueur*, L.G.D.J, 2001, 10e édition, p.20.

[71]Dans le Code civil de 1804, le ciment du mariage était le consentement. Ainsi, la fille majeure de 21 ans avait reçu du Décret Mandel du 15 juin 1939 pouvoir pour se marier sans le consentement de ses parents.

[72] Le Décret Mandel du 15 juin 1939 interdisait le mariage de la fillette impubère. Seulement, il n'a pas été suivi dans les faits.

[73] Le Décret Jacquinot avait pour ambition de réguler la dot et de lutter contre son caractère excessif.

du déterminisme de Montesquieu, théorie selon laquelle les lois sont déterminées par le milieu où elles naissent et partant, elles s'y trouvent nécessairement adaptées[74] ; le particularisme du droit français surtout dans des domaines bien spécifiques tels que le droit des contrats, le droit de la famille (bioéthique, PACS, mariage pour tous[75]), la codification[76] qui signifie implication, unification et surtout axiomatisation[77]. Le particularisme est également visible en matière successorale car si en droit français, tous les biens peuvent passer du *de cujus* à l'héritier, tel n'est pas le cas en Afrique chez certains peuples où la terre échappe à toute transmission car étant un bien communautaire. C'est l'exemple de l'ethnie *soninke* au Sénégal[78]. Que dire alors de la place de la coutume dans les ordres juridiques tant matériel que procédural des États d'Afrique noire francophone. Est-il besoin en effet de faire remarquer qu'avant la colonisation, la seule source du droit valable en Afrique était la coutume ?[79].

---

[74] CARBONNIER Jean, *Sociologie juridique*, PUF, 1e édition 1978, p.71.

[75] V. ATTALIS-COLAS Jessica, « Dix ans de mariage pour tous : circulez, il n'y a pas grand-chose à voir en droit social ! », Droit de la famille n°10, Octobre 2023, p.23 ; EGEA Vincent, FULCHERON Hugues, « Dix ans de mariage pour tous : quel bilan pour les praticiens ? », Droit de la famille, n°10, Octobre 2023, p.22 ; PICHARD Marc, « Mariage pour tous : une étude d'impact rétrospective », Droit de la famille, n°10, Octobre 2023, p.20 ; THERY Irène, « Dix ans de mariage pour tous : que signifie l'expression des « époux comme les autres » ? Droit de la famille, n°10, Octobre 2023, p.18.

[76] V. *La codification et l'évolution du Droit*, RJPIC, n°3 et 4, 1986.

[77] CARBONNIER Jean, *Sociologie juridique*, PUF, 1978, p.79.

[78] TRAORE Samba, « Droit coutumier et coutume, réflexions sur le langage du juriste des institutions traditionnelles africaines (Quelques exemples de concepts tirés du droit *soninké* du gajaaga-Sénégal », Annales Africaines 1989-1990-1991, p.60.

[79] BOKALI Victoire Emmanuel, « La coutume, source de droit au Cameroun », R.G.D, 1997, p.39 ; DIALLO Seyni Sambo : « L'évolution

Cependant, cette dernière est certes une réalité, mais de portée limitée car s'il est vrai qu'on lui reconnait, dans certains États, comme le Sénégal, une place[80], il demeure que c'est la loi écrite qui l'emporte en raison de la suppression des

du droit traditionnel, fondement de la dualité des juridictions en Haute-Volta », PENANT, 1977, n°757, p.322. Pour cet auteur : « Le Droit dans notre pays n'est pas un apport du colonisateur qui en arrivant chez nous à la fin du 19e siècle ne s'est pas trouvé, contrairement à ce que l'on a laissé croire, devant un désert juridique, car alors que notre pays était encore tout vierge des traces de l'Occident, un droit coutumier et des institutions judiciaires appliquant les coutumes existaient déjà ». V. Néanmoins des auteurs pour qui, en plus du droit coutumier, prévalait en Afrique avant la colonisation, le droit musulman ; Robert PAGEARD selon qui, avant la pénétration européenne en Afrique occidentale, en plus des coutumes locales ou animistes, il y avait le Coran et l'exégèse coranique comme source du Droit. PAGEARD Robert, « La réforme des juridictions coutumières et musulmanes dans les nouveaux États de l'Ouest africain », p.462 ; GAU-CABEE Caroline, « La tentation moniste et la réception du modèle juridique occidental en Afrique subsaharienne francophone après 1960 », *in* Le métissage des droits en Afrique subsaharienne francophone, Regards croisés, Groupe de recherche sur les cultures juridiques en Europe, 2022, Collection numérique *Diké* n°3, p.14. Selon l'auteur, les systèmes juridiques des pays francophones d'Afrique subsaharienne étaient constitués, avant la colonisation des droits traditionnels à savoir le droit musulman et les coutumes précoloniales, influencées par une ontologie animiste.

[80] L'article 830 du Code de la famille dispose : « *A cette date, les dispositions du Code civil, les textes législatifs et réglementaires, les coutumes générales et locales,* ***à l'exception toutefois de celles relatives aux formalités consacrant traditionnellement le mariage****, et les statuts particuliers applicables au Sénégal, cessent d'avoir force de loi ou de coutumes dans les matières qui font l'objet du Code de la Famille* ». Ainsi, suivant l'article 114 alinéa 1 du Code de la famille : « selon le choix des futurs époux, le mariage peut être célébré par l'officier de l'état civil ou constaté par lui ou son délégué, dans les conditions prévues par la loi. Le mariage ne peut être constaté que lorsque les futurs époux observent une coutume matrimoniale en usage au Sénégal ». En guise de rappel, relevons qu'au Sénégal, un arrêté du 28 février 1961 reconnaissait soixante-huit coutumes.

juridictions coutumières[81], de ses effets limités[82], ainsi que de l'application résiduelle de celle-ci par le juge[83]. Sur le plan procédural, la suppression des juridictions coutumières au Sénégal ne doit pas être perçue comme un abandon total de la philosophie qui sous-tend la justice coutumière à savoir la conciliation[84].

---

[81] Les articles 10, 11, 14 et 20 de l'ordonnance n°60-56 du 14 Novembre 1960 ont été abrogés par le Code de la famille. A la question de savoir si dans les anciennes colonies, la justice de droit traditionnel au même titre que la justice de droit moderne sera rendue par les mêmes tribunaux, quatre réponses ont été apportées : a) la dualité de la juridiction civile, b) l'existence au sein d'un même tribunal de deux sections compétentes respectivement en matière de droit moderne et de droit traditionnel, c) unité de juridiction civile certes, mais diversification des règles de compétence en fonction du contentieux en présence, d) unité de la juridiction civile et unité des règles de compétence. Au Sénégal, l'ordonnance n°60-56 du 14 novembre 1960 précitée consacrait cette troisième option. Ainsi, l'article 25 donne compétence aux juges de paix de connaître des questions prévues aux articles 10 (état, capacité des personnes, famille, mariage, divorce, filiation, successions, donations, testaments) et 12 (propriété et possession immobilière). V. Pour toutes ces précisions, LAMPUE Pierre, « La coutume et le statut de la justice, la justice civile dans les États d'Afrique francophone et à Madagascar », RJPIC, 1966, n°1, p.168.

[82] Le mariage coutumier est certes valable au Sénégal, mais non seulement il doit s'agir d'un mariage conclu en « observation d'une coutume reconnue » dans le pays précité, mais également l'intervention d'un officier de l'état civil pour sa constatation s'avère indispensable pour son opposabilité à l'État, aux collectivités publiques et établissements publics V. GUINCHARD Serge, « Le mariage coutumier en droit sénégalais », RIDC, 1978, pp.811-832.

[83] Article 2 de la loi n°2014-26 du 3 novembre 2014 abrogeant et remplaçant la loi n°84-19 du 2 février 1984 fixant l'organisation judiciaire : « les juridictions appliquent pour toutes les matières, la loi et les règlements en vigueur ainsi que, s'il en existe en ces matières, les usages qui ne sont pas contraires à la loi ».

[84] MICHELET Elisabeth, « La conciliation dans la procédure sénégalaise », PENANT, 1980, n°768, pp.135-161.

8-Le présent ouvrage permettra d'apprécier la place du « donné » et du « construit » cher à François Gény[85] et repris dans la thèse de Madame le Professeur Amsatou Sow SIDIBE[86] ou dans l'ouvrage de *Théorie générale du droit* de Jean Dabin[87]. L'une des facettes du « donné » réside dans le fait que dans certains pays comme le Sénégal, la majeure partie de la population est de confession musulmane. Ainsi, dans ces pays, l'islam confrérique procédant de l'institutionnalisation du soufisme influence toutes les institutions[88] et pose sur la table le débat relatif à l'effectivité de la laïcité, principe proclamé par les Constitutions africaines, à l'exception de quelques-unes. Comme l'écrivait Serge GUINCHARD, l'expression « Droit laïc » peut surprendre dans la mesure où précisément le Code de la famille distingue deux grands types de successions selon que l'on applique ou non le Droit musulman (article 396) ; n'y a-t-il pas dans cette référence aux « règles du Droit musulman » (selon les termes même de l'article 571) une volonté du législateur sénégalais de ne pas tenir compte pour les

---

[85] GENY François, "Les procédés d'élaboration du droit civil », *in* Les méthodes juridiques, Paris, 1911, pp.181 à 196 ; *Science et technique en droit privé*, Paris, t. 1er, 1914, n°33 et 34, pp.96 à 100 ; t. II, 1915 ; t.III, 1921 ; t. IV, 1925

[86] SIDIBE Amsatou Sow, *Le pluralisme juridique en Afrique, L'exemple du droit successoral sénégalais,* L.G.D.J, 1991, 383 pages.

[87] DABIN Jean, *Théorie générale du droit*, Bruxelles, Bruylant, 1953, pp.119-161

[88] AGONDJO-OKAWE Pierre-Louis, « Domaines d'application des droits traditionnels », *in* Encyclopédie juridique de l'Afrique, Les Nouvelles Éditions Africaines, 1982, p.413. *Adde* Les intéressantes publications contenues dans le numéro 8 de la Revue Droit sénégalais publiée en 2009 notamment celle du Professeur Abdoulaye DIEYE. DIEYE Abdoulaye, « La laïcité à l'épreuve des faits au Sénégal », *in* Droit, politique et religion, Droit sénégalais, 2009, n°8, pp.33-53.

successions musulmanes du caractère laïc du Code de la famille ?[89] En effet, un droit laïc en Afrique est un droit dégagé de toute influence religieuse ou ésotérique[90]. Le « construit » quant à lui est visible à travers le fait que les États africains nouvellement indépendants aient hérité de la législation coloniale[91] ou de la situation qui prévalait à l'époque[92]. De même, la présente réflexion met en relief l'utilité de la codification[93], qui, de l'avis de beaucoup d'auteurs africains ou africanistes, doit rester une œuvre de

---

[89] A la question qu'il s'est posée, l'auteur a répondu par la négative en spécifiant que la laïcité est appliquée tant dans les critères d'application des successions musulmanes que dans le contenu des règles sénégalaises des successions musulmanes. GUINCHARD Serge, « Le juge et l'héritier en droit successoral sénégalais », PENANT, 1979, n°764, pp.144-145. V. Néanmoins *contra* CAMARA Fatou Kiné, « Le Code de la famille du Sénégal ou de l'utilisation de la religion comme alibi à la légalisation de l'inégalité de genre », Nouvelles Annales Africaines, n°2/2008, p.25.

[90] AGONDJO-OKAWE Pierre-Louis, *op.cit.,* p.413.

[91] Une condition était néanmoins posée : absence de nouveau texte, absence de contrariété de la législation coloniale à la charte fondamentale des nouveaux États. Signalons néanmoins qu'en vertu des accords de coopération signés avec l'État prédécesseur, le droit colonial était maintenu grâce à une clause de reconduction de la législation coloniale. V. En ce sens DEGNI-SEGUI René, « Codification et uniformisation du droit », *in* Encyclopédie juridique de l'Afrique, Les nouvelles Éditions Africaines, 1982, p. 453. Du même auteur, *La succession d'États en Côte d'Ivoire*, Thèse pour le doctorat en droit, Aix-Marseille, 1979, pp.53 et s.

[92] Pour René DEGNI-SEGUI, les États d'Afrique noire francophone ont, dès leur naissance, trouvé dans leur berceau une législation composite et assez complexe. L'ordre juridique colonial était, en effet, un système plurijuridique composé à la fois du droit d'inspiration occidentale et des divers et multiples droits dits traditionnels. La situation se complique davantage si on ajoute les coutumes islamisées. DEGNI-SEGUI René, « Codification et uniformisation du droit », *op.cit.*, p.453. L'une des questions qui mériteraient d'être posée est celle de savoir à quand date la naissance de l'État en Afrique. Pour y répondre, une consultation des travaux des politistes, historiens, publicistes serait d'un grand apport.

[93] V. CABRILLAC Remy, *Les codifications*, PUF, 2002, 310 pages.

conciliation[94]. Au-delà, le présent ouvrage constituera modestement un creuset de compréhension des problématiques de transfert juridique ou de mimétisme juridique.

9.L'étude sera menée suivant une approche comparatiste et décoloniale, mouvement intellectuel invitant à prendre au sérieux des visions du monde non occidentales, colonisées. Ledit mouvement appelle à une production du savoir en suivant des sources ou des procédés non occidentaux, ainsi qu'à redonner du pouvoir aux façons non occidentales de vivre et de voir le monde[95]. Cette « vision du monde » doit être entendue comme couvrant des valeurs, concepts et normes d'organisation sociale et de comportement permettant de s'orienter dans le monde et de donner un sens à la vie, lesquels ont une source, une forme et un mode de transmission variables. Il s'agit d'une définition visant à englober « le savoir » et la conception de la « bonne façon de vivre » qui en découle[96]. La pensée décoloniale invite donc à repenser le droit étatique en tant qu'il reflète une certaine vision du monde associée à l'entreprise de la colonisation (certainement toujours en cours même si ses formes évoluent) et à l'hégémonie occidentale qui en résulte[97]. L'anthropologie

---

[94] HILAIRE « Variations sur le mariage, à propos de la codification en Afrique noire », PENANT 1968, n°720, p.181 ; MELONE Stanislas, *La parenté et la terre dans la stratégie de développement. L'expérience Camerounaise.* I : Structures sociales et institutionnelles de l'Afrique. Paris, Klincksiek, Yaoundé, Université fédérale du Cameroun, 1972, 201 pages.

[95] BRACHOTTE Sandrine, « Pour une approche décoloniale du droit international privé », RCDIP, 2023, p.297.

[96] BRACHOTTE Sandrine, *Ibid.*

[97] BRACHOTTE Sandrine, *Ibid.*

du droit ne sera pas en reste car de l'avis de Raymond Verdier, cette discipline serait née, dans le contexte colonial, de la résistance des droits autochtones des populations soumises à l'acculturation violente du colonisateur d'autant que l'anthropologue du droit, en réaction à l'impérialisme culturel, s'efforcera d'étudier les droits traditionnels, non plus selon l'idéologie juridique du droit importé, mais selon le système autochtone des valeurs et représentations[98].

10. En réponse à la question centrale posée, force est de dire que si durant la période coloniale, la législation française a fait tache d'huile en Afrique en s'imposant, une fois les États indépendants, elle leur a servi de modèle sans oublier que les États précités ont essayé de faire preuve d'originalité dans la construction normative[99]. Si nous prenons l'exemple du Sénégal, nous pouvons affirmer qu'au regard de l'introduction, le 5 novembre 1830, du Code civil au Sénégal, de la qualité et nationalité des membres de la commission de codification du droit des personnes et des obligations ainsi que du comité de rédaction[100], la législation des premières années d'indépendance ne reflétait guère la vision des hommes politiques de l'époque. En revanche, en matière de propriété foncière, force est de relever que les « nouveaux maîtres » avaient l'ambition de juridiciser la voie africaine du

[98] VERDIER Raymond, « Droits pré-étatiques et théorie du droit », R.I.E.J, 1988, n°2, Volume 21, p.191.

[99] Des institutions telles que la dot, la polygamie, le patriarcat n'ont forcément pas disparu de l'ordonnancement juridique de nombreux États Africains. Il en est de même de l'exigence de la différence de sexe pour contracter mariage.

[100] V. FARNSWORTH E. Allan, « Le nouveau Code des obligations du Sénégal », Annales Africaines, 1963, p.75.

socialisme[101]. L'évolution du droit français semble creuser davantage, dans certains aspects du droit privé notamment le droit des contrats et le droit du travail[102], le fossé entre les deux systèmes juridiques. De quoi accréditer la thèse du « droit joug », du « droit soleil » et « du droit frère », chère à Louis-Daniel MIKA TSHIBENDE[103].

---

[101] V. Par exemple l'instruction circulaire n°032 du 21 mai 1962 adressée aux Ministres, commissaire général du plan, aux gouverneurs par le président du Conseil Mamadou Dia. L'objet de cette instruction circulaire s'intitulait : « Doctrine et problème de l'évolution du mouvement coopératif au Sénégal » ; SENGHOR Léopold Sédar, *Pour une société sénégalaise socialiste et démocratique*, Rapport de politique générale, Congrès extraordinaire de l'Union progressiste sénégalaise, 27-29 décembre 1976, 202 pages.

[102] Le droit du travail, bien que faisant partie du droit privé, ne sera pas abordé dans le présent ouvrage. Relevons juste en guise d'information qu'en la matière, droit sénégalais et français convergent au regard de l'adhésion par ces deux États aux normes internationales du travail (Conventions de l'OIT, Pacte international relatif aux droits civils et politiques, le Pacte international relatif aux droits économiques, sociaux et culturels), de la flexibilité des règles du travail, de la construction de la relation de travail autour du contrat d'adhésion. Cependant, droit français et sénégalais divergent dans la mesure où si le premier droit cité met l'accent sur le principe de faveur, le second quant à lui se focalise sur le dialogue social. V. PIGNARRE Geneviève, « D'un modèle, l'autre : droits privés français et sénégalais. Un maillage étroit, sans maille à partir (?) », *in Le tailleur et ses modèles d'hier à demain, Approches juridiques et politiques croisées, France-Sénégal*, Actes des secondes rencontres internationales Roger Decottignies, entre les Facultés de droit de Chambéry et de l'Université Cheikh Anta Diop, des 8, 9, 10, pp.91 et s. De même, signalons que le droit du travail peine encore à devenir une réalité en droit OHADA.

[103] Quelle que soit sa pertinence, relevons que notre démarche a précédé la prise de connaissance des travaux de l'auteur ci-après. TSHIBENDE Daniel MIKA, « Les Gaulois nos ancêtres ? Sur la circulation et l'influence du modèle juridique français en Afrique noire francophone », OHADATA D-07-02.

Un examen des travaux de Geneviève PIGNARRE confirme nos propos par ces termes : « En dépit des proclamations de principe professées par le gouvernement en place, le COCC s'inspire plus d'une conception individualiste que socialiste du droit contractuel. Le grand principe est celui de la liberté des conventions : l'homme détient par nature le pouvoir de créer des liens de droit, sa volonté est autonome, tous les individus sont sur un pied d'égalité formelle ; par contre, dans la partie réservée aux contrats spéciaux, est prise en compte l'inégalité concrète des contractants et/ou la coordination des intérêts des parties à l'intérêt général. Le Sénégal ayant choisi les voies africaines du socialisme pour promouvoir son développement économique, il fallait en tirer des conséquences en droit privé, en tenant compte de l'existence et des effets du plan quadriennal de développement pour soumettre les activités économiques aux objectifs de la planification ; mais cette directive est restée un vœu pieu ; on n'en trouve pas de trace dans le COCC. Le Code sénégalais se présente donc comme un droit commun des obligations de facture classique, voire conservatrice ; avec des dispositions sur les contrats spéciaux d'esprit plus moderne, dirigiste. L'unification de principe des obligations civiles et commerciales n'est donc pas totale[104]. C'est dire

[104] PIGNARRE Geneviève, « D'un modèle, l'autre : droits privés français et sénégalais. Un maillage étroit, sans maille à partir (?) », *in Le tailleur et ses modèles d'hier à demain, Approches juridiques et politiques croisées, France-Sénégal,* Actes des secondes rencontres internationales Roger Decottignies, entre les Facultés de droit de Chambéry et de l'Université Cheikh Anta Diop, des 8, 9, 10, pp.78-79.

que tantôt droit français et sénégalais convergent, tantôt ils étalent leurs divergences[105].

11. On pourrait se poser la question suivante, une fois les contours de l'identité et les critères de définition du droit africain cernés, les modalités de sa résistance face au modèle de toujours mis en relief : et après ? Cette question très lapidaire et brutale sonne comme une mise en garde, en plus de paraître provocatrice car pouvant affaiblir la thèse de l'origine africaine des hommes modernes de Jean-Jacques HUBLIN et de Bernard SEYTRE[106], ou celle de Cheikh Anta Diop, pour signifier qu'une chose est de résister à un droit « envahisseur », « conquérant », une autre est de légiférer dans des domaines qui ne l'ont pas encore été ou ne l'ont été que très peu, de corriger l'existant. Il ne suffit donc pas de scander l'inadaptation, l'inadéquation de la construction normative aux réalités africaines[107] pour que les choses

---

[105] Si dans le COCC, la cause du contrat comme celle de l'obligation font toujours partie du droit positif, tel est loin d'être le cas en droit français où, depuis 2016, cause et objet ont été remplacés par le concept de contenu licite et certain. C'est d'ailleurs l'occasion d'exprimer notre désaccord avec Madame le Professeur PIGNARRE qui a décelé à travers la plaidoirie faite par une doctrine autorisée en faveur d'un développement de l'obligation de loyauté à tous les stades du contrat, un rapprochement entre le droit sénégalais et français. En effet, il faudrait comprendre que l'influence de la doctrine en Afrique n'est pas aussi déterminante qu'elle ne devrait et tant qu'une suggestion doctrinale n'aura pas été consacrée, elle ne reste qu'un vœu pied, une belle théorie.

[106] HUBLIN Jean-Jacques, SEYTRE Bernard, « La modernité culturelle vient-elle d'Afrique ? » *in* Quand d'autres hommes peuplaient la Terre, nouveaux regards sur nos origines, Flammarion, 2011, collection « Champs sciences », p.145.

[107] V. Par exemple WANE Dielya Yaya, « Après cinquante ans de codification, quel avenir pour le Code des obligations civiles et commerciales du Sénégal, *in* Code des obligations civiles et commerciales du Sénégal (C.O.C.C) : cinquante ans après, L'harmattan Sénégal, 2018,

changent : légiférer est un art qui exige une certaine technicité, requiert un savoir-faire, de l'ouverture d'esprit et de l'audace. Les travaux de certains auteurs y invitent d'ailleurs. Justement, la nouveauté des questions ou problématiques devrait servir de prétexte pour mettre en avant le savoir-faire et l'audace précités. Avons-nous assez légiféré en matière de TIC ? De ressources naturelles, d'énergie ? La réponse aux deux questions posées précédemment doit être mitigée car l'apport de l'Afrique dans le domaine du droit a toujours préoccupé la doctrine et ce, quel que soit le domaine visé[108]. Concernant les TIC, les États d'Afrique noire en sont à ce que l'on pourrait qualifier de « première génération » du numérique, ignorant, ou du moins pour certains, car la Centrafrique n'est pas concernée, ce que l'on pourrait qualifier de « véritable[109] révolution numérique »[110] et dont les manifestations patentes sont la *blockchain*, les *tockens*, le *bitcoin* et les *smart contracts*[111].

---

pp.615-644 ; BILONG NKOH Francis Riche, « La place des règles juridiques fondamentalement africaines en matière d'obligation dans les systèmes juridiques d'Afrique subsaharienne », *in* Code des obligations civiles et commerciales du Sénégal (C.O.C.C) : cinquante ans après, L'harmattan Sénégal, 2018, pp.77-99.

[108] SALL Alioune, *Singularités juridiques africaines. Ce que l'Afrique apporte au droit*, L'harmattan, 2023, 321 p.

[109] L'adjectif n'est pas fort puisque le législateur sénégalais, dans la loi sur la cybercriminalité parle de révolution numérique

[110] GRYNBEUM Luc, « La future « La législation sur l'IA », à l'aune de la responsabilité civile, l'indemnisation au défi de l'innovation », La Semaine Juridique Edition Générale, n°28, 17 juillet 2023, act.859.

[111] V. L'opportunité de la diversification de l'économie numérique, défis juridiques et institutionnels, Actes de Colloque sous la direction d'ALAOUI Faiza, Tanger, 19 janvier, 2019, 214 pages ; La nécessité de la diversification de l'économie numérique, Actes de Colloque, sous la direction de ALAOUI Faiza, Conseil régional de Tanger, Tétouan, Al Hoceima, 28 et 29 mai 2021, 195 pages.

Pour ce qui est des ressources naturelles, dès les premières années d'indépendance, des lois ont été adoptées pour réguler le secteur. À titre d'exemple, nous pouvons citer la loi-ordonnance n°4 du 22 décembre 1959 fixant le régime juridique et fiscal de la recherche, de l'exploitation et du transport des hydrocarbures, l'ordonnance sénégalaise n°60-24 MTP fixant le régime juridique et fiscal de la recherche, de l'exploitation et du transport des hydrocarbures, etc.

Et pourtant, une immersion dans l'article du Professeur Abdoul Aziz Diouf semble justifier la question posée *supra* d'autant que l'auteur, après avoir constaté l'impopularité du droit civil en Afrique Noire francophone[112], propose de fonder celui-ci sur la chose identitaire (produire son propre récit de la biologie, reprendre la nature solidariste du droit traditionnel, se départir de l'anthropomorphisme comme ontologie, se libérer de la binarité personne et chose, penser un nouveau droit commercial civil[113]. Cependant, il ne nous viendrait pas à l'esprit de nier l'apport des États africains dans le domaine du droit. Déjà en 1965, celui-ci a été manifeste dans le domaine du droit international[114] même si des efforts

---

[112] Le droit privé en Afrique serait substantiellement un droit hors-sol selon lui ; le droit civil, pan important du droit privé, un impensé ; DIOUF Abdoul Aziz, « Repenser le droit civil en Afrique noire francophone », R.I.D.C, 2-2022, pp.373.

[113] DIOUF Abdoul Aziz, « Repenser le droit civil en Afrique Noire francophone », R.I.D.C. 2-2022, pp.384-385.

[114] Selon Pierre GONIDEC, l'Afrique aurait créé son droit international secrété par les organisations continentales ou régionales. GONIDEC Pierre, « Note sur le droit des conventions internationales en Afrique », AFDI 1965, pp.866-885 ; AINETTER Christine, « La charte africaine des droits de l'homme et des peuples », *in* L'Afrique et le droit international, Annales Africaines, 1986-1987-1988, pp.145-147.

restaient encore à faire[115]. En outre, on ne saurait occulter la conception africaine des droits de l'homme contenue dans la Charte africaine des droits de l'homme et des peuples[116] qui met en relief la dialectique sociétés africaines et droits de l'homme. En droit privé, l'apport des législateurs africains s'est fait sentir même si de l'avis de certains le travail de codification n'a pas été mené en toute liberté tenant compte du fait que le droit colonial a servi de modèle à ceux-ci[117]. C'est également le point de vue épousé par Louis-Daniel MUKA TSHIBENDE[118]. Le constat fait est que le modèle juridique français oscille entre contrainte, imposition et modèle de référence (Chapitre 1) ce qui n'empêche pas une résistance audit modèle de la part des législateurs africains

---

[115] WODIE Francis, « La coopération régionale dans le domaine de l'enseignement et de la recherche du Droit international », cité par DAGRA Mamadou, « Le rôle de l'Afrique dans l'enrichissement du droit international », *in* L'Afrique et le droit international, Annales Africaines, 1986-1987-1988, p.68. Selon le Professeur Wodié : « La conception africaine du Droit international doit résolument être celle d'un droit de libération, car le Droit international doit être au service de l'indépendance des États… et au service de la liberté des peuples ».

[116] TRAORE Bakary, « Droit de l'homme en Afrique : l'évolution de leur conception et de leur pratique », *in* L'Afrique et le droit international, Annales Africaines, 1986-1987-1988, p. 162. L'auteur sur le fait que la charte serait le fruit d'un compromis entre les tenants des droits individuels avant tout et ceux qui leur opposeraient en priorité les droits de l'État. *Adde* GLELE-AHANHANZO Maurice, « Théorie et pratique des droits de l'homme dans l'Afrique contemporaine », *in* L'Afrique et le droit international, Annales Africaines, 1986-1987-1988, pp.131-141.

[117] HILAIRE Jean, « Nos ancêtres les Gaulois », Annales Africaines 1964, pp.7-77 ; Du même auteur « La modernisation du droit dans les nouveaux États », Trav. et Recherches de l'Institut de droit comparé de l'Université de Paris, t.XXX, 1966.

[118] TSHIBENDE Louis-Daniel MIKA, « Les Gaulois nos ancêtres, sur la circulation et l'influence du modèle juridique français en Afrique noire francophone », OHADATA-D-07-02.

(Chapitre 2) certainement conscients de la nécessité de le « tropicaliser » ou de s'en écarter[119] carrément pour éviter le rejet de la norme[120] par le corps social.

[119] La « tropicalisation » différerait de la « refonte » ou construction d'un nouveau droit. V. Sur cette distinction KUYU Camille, *op.cit.*, p.89.
[120] Selon Etienne Le ROY, la catégorie norme engloberait la règle, l'habitus et le modèle. Cela signifie que le droit repose sur trois pieds que sont les normes générales et impersonnelles (NGI), les modèles de conduites et de comportements (MCC) et les systèmes de dispositions durables (SDD). En Afrique noire francophone, le fondement du droit privilégié serait le deuxième. LE ROY Etienne, « Norme » (en anthropologie juridique), *in* Dictionnaire encyclopédique, Paris, LGDJ, Bruxelles, Story Scientia, 1993, pp.269-272 cité par KUYU Camille, *op.cit.*, p.90.

CHAPITRE I-

La culture juridique française en Afrique : entre OPA et source d'inspiration

12. Convaincue qu'elle était investie d'une mission civilisatrice, la France a envahi une partie de l'Afrique pour lui insuffler son mode de vie, de pensée, en somme sa culture. Cet envahissement que l'on pourrait qualifier d'OPA (Elle est définie à l'article 122 du règlement général relatif à l'organisation, au fonctionnement et au contrôle du marché financier régional[121]) en comparaison avec les investisseurs qui prennent le contrôle d'une société cible dans un marché boursier, en l'espèce l'Afrique, sans négociation aucune avec les autres acteurs de l'entreprise à savoir les actionnaires, propriétaires, s'est faite sur tous les plans : religieux, politique, militaire et juridique.

13. Employée au sens figuré dans la présente étude, l'OPA traduit l'idée selon laquelle que pour satisfaire ses ambitions, le législateur, le juge français n'ont pas hésité à imposer leur droit en Afrique et ce, contre l'opinion des destinataires de la règle de droit, à qui ils ont certes reconnu un droit de vivre

---

[121] V. DOM Jean-Philippe, *Les montages en droit des sociétés*, Éditions Joly, 1998, 576 pages ; MOULIN Jean-Marc, *Le droit de l'ingénierie financière*, Gualino, 4e édition, 2013, 576 pages ; VALETTE Jean-Paul, *Régulation des marchés financiers*, Ellipses, 2013, 239 pages ; PELARD Alice, *Droit des marchés monétaire et boursier*, Éditions J.N.A, 1994, 509 pages

selon leurs coutumes, mais pas offert beaucoup de possibilités car celle-ci était sous la tutelle de la loi française. En somme, son impact était minoré. La conséquence est que l'on a créé deux catégories de justiciables : des citoyens français et assimilés d'une part, et des sujets indigènes d'autre part. Ainsi, relevons que la période coloniale a été marquée, sur le plan des cultures indigènes, par deux phénomènes complémentaires, sans doute inévitables : la dévalorisation des cultures traditionnelles, impuissantes à formuler au sommet les buts sociaux, et l'avidité des élites scolarisées pour des formules culturelles nouvelles considérées comme signes-et moyens-du progrès[122]. Les choses changeront-elles les indépendances sonnées ? Malheureusement, force est de répondre par la négative. Il est vrai que une fois indépendants, certains États tels que celui du Sénégal, ont tenté de supprimer la stratification imposée par le colon en unifiant le droit applicable. C'est tout l'intérêt de l'ordonnance n°60-56 MJ fixant l'organisation judiciaire dans la République du Sénégal ainsi que les principes fondamentaux applicables aux litiges de droit privé modifiée par la loi 1972 portant Code de la famille. On pourrait donc affirmer que les années d'indépendance étaient synonymes d'affranchissement pour certains États, du joug juridique colonial. Cependant, il ne faudrait pas exagérer cette velléité de démarcation pour au moins deux raisons. D'abord, le Code civil de 1804 est toujours applicable dans certains États Africains[123]. Ensuite,

---

[122] *L'harmonisation des politiques culturelles africaines*, Actes des conférences de Libreville et de Freetown, (Travaux et résolutions), ICAM (Institut Culturel africain et Mauricien), 1975, p. 5.

[123] V. Sur les pays qui continuent à appliquer le droit français, V. Article de TALFI Bachir, « Quel droit applicable à la famille au Niger ? », Annales Africaines, Volume 1, Avril 2015, pp. 295-332.

malgré les tentatives d'adaptation du Code Napoléon, il reste que celui-ci influence fortement les législateurs africains et ce, au regard des idéaux dont sont porteurs promoteurs et concepteurs des différentes réformes[124] ; que celles-ci aient une essence mercantile (COCC, OHADA, UEMOA) ou identitaire (Code de la famille). C'est dire qu'en Afrique, le droit français oscille entre maintien, reprise, suppression, adaptation. On devrait également donner raison à Guy Kouassigan selon qui lors des indépendances, les États africains ont opté pour un droit européen[125]. L'exemple de l'escroquerie à la dot est assez illustratif d'une pareille situation. En effet, des pays comme le Cameroun, l'ont maintenu, là où d'autres l'ont supprimée ou s'en sont inspirés[126]. Si durant la colonisation, on note une certaine OPA, emprise de la pensée juridique française sur le sol africain (Section 1), une fois indépendants et pour des impératifs liés la plupart du temps au développement économique, les États Africains se sont laissés influencer par le droit du colonisateur (Section 2).

SECTION I-L'OPA DE LA PENSÉE JURIDIQUE FRANÇAISE CONSTATÉE AVANT LES INDÉPENDANCES

« On ne retient pas les pays nouvellement conquis ni par les pillages, ni par les corvées, ni par la contrainte, ni par

[124] L'exemple de la rédaction du COCC dont la Commission de codification du droit des personnes et des obligations ainsi que le Comité de rédaction étaient composés de juristes français et d'obédience française.
[125] V. MANGIN Gilbert, « Le droit pénal de la famille dans les États africains d'expression française », RJPIC, 1968, n°1, p.143.
[126] L'article 379 du Code pénal sénégalais réprime l'escroquerie à la dot.

l'exploitation, mais en leur donnant des lois et des édits, en propageant des religions, en rendant la justice» Rabelais, *Tiers livre (Pantagruel)*, chapitre I

13. Si initialement la colonisation française était basée sur la force, on a noté, au XIXe siècle, un changement de paradigme et partant un passage de la force au Droit[127]. Ainsi, les principes du droit français, dominés par l'esprit juridique romain[128], ont été transbordés en Afrique[129]. Cependant, la politique du législateur français a oscillé entre des convictions assimilationnistes et des institutions liées à la nécessité d'une adaptation aux « collectivités »[130]. L'une des raisons de l'envahissement juridique de l'Afrique s'apprécie dans le fait que législateur français s'est senti investi d'une mission. La réussite de celle-ci doit donc passer par la colonisation. Par la voie de la colonisation, l'Afrique noire communautaire est invitée à se remodeler sur l'Europe individualiste qui donne primauté à l'individu sur le groupe, sur l'Europe à économie capitaliste dans laquelle la concurrence et la lutte l'emportent sur la collaboration et la solidarité et qui considère toute

---

[127] KAMTO Maurice, *Pouvoir et Droit en Afrique noire. Essai sur les fondements du constitutionnalisme en Afrique noire francophone,* Paris, L.G.D.J, 1987, p.208.

[128] C'est ainsi que J. DE LANESSAN écrivait ceci : « Dominés par l'esprit juridique romain, qui est au fond de toutes nos institutions métropolitaines, nous n'avons pas de souci plus grand que celui de transplanter dans nos établissements coloniaux tout l'appareil administratif et judiciaire de la Mère Patrie » ; (J. DE LANESSAN, Principes de colonisation, Paris, 1897 cité par BADJI Mamadou, « Dire le droit en AOF aux 19e et 20e siècles : entre idéal de justice et stratégie coloniale », *in* Dire le droit en Afrique francophone, Presses de l'Université de Toulouse 1 Capitole, 2013, p.11.

[129] V. BADJI Mamadou, « Dire le droit en AOF aux 19e et 20e siècles : entre idéal de justice et stratégie coloniale », *in* Dire le droit en Afrique francophone, Presses de l'Université de Toulouse 1 Capitole, 2013, p.11.

[130] BADJI Mamadou, *op.cit.*, p.12.

organisation collective comme une entrave à la liberté. La supériorité technologique de l'Europe l'amène tout naturellement à ne concevoir le progrès que par la diffusion de ses propres valeurs et œuvres de civilisation, donc de son droit[131]. Toujours selon KOUASSIGAN, cette supériorité a été dogmatiquement affirmée[132]. Nous verrons d'abord les raisons de l'OPA d'une part (**Paragraphe 1**) et les manifestations de celle-ci d'autre part (**Paragraphe 2**).

Paragraphe 1-LES RAISONS DE L'OPA

14. Il existe deux raisons majeures, découlant d'ailleurs de certaines déclarations. Il s'agit d'une part des raisons économiques (A) et des raisons civilisationnelles d'autre part[133] (B).

A-Les raisons économiques

15. Pour servir les intérêts de la colonie et prétextant l'impossibilité pour les populations autochtones de mettre en valeur leurs terres, des hommes de guerre n'ont pas hésité à faire usage de la force physique voire intellectuelle[134]. Le professeur Bernard Moleur résume bien à lui seul les raisons

---

[131] KOUASSIGAN Guy, « Culture, famille et développement », *op.cit.*, p.120.

[132] KOUASSIGAN Guy, *op.cit.*, p.129.

[133] Est-il besoin de rappeler que même le missionnaire anglais éprouvait des réserves vis-à-vis des coutumes indigènes ? Une réponse négative s'impose. V. En ce sens OLAWALE Elias, *La nature du droit coutumier africain*, Présence Africaine, 1961, p.38.

[134] V.FOURNIEL Béatrice, DEVAUX Olivier, « Dire la coutume dans l'ancienne France et en Afrique coloniale : quelques éléments comparatifs au travers de la procédure de rédaction » *in* Dire le droit en Afrique francophone, Presses de l'Université de Toulouse 1 Capitole, 2013, p.187 spécialement notes de bas de page 1 et 2.

économiques de l'OPA en reprenant les propos du Gouverneur Général adressés au gouverneur du Sénégal en 1923 : « La démonstration est faite depuis longtemps que les populations autochtones n'ont pas su mettre en valeur les immenses territoires qu'elles occupent, ni tirer parti des richesses qu'ils renferment…Devons-nous en tant que Nation colonisatrice perpétuer cet état de chose et permettre plus longtemps que le monde soit privé de toutes les matières premières que l'on est susceptible de retirer des pays ? »[135]. En effet, durant l'époque coloniale, la politique du législateur français a consisté moins à supprimer qu'à inférioriser, précariser devant le pouvoir de l'État colonisateur, les droits coutumiers[136]. Comme précisé dans la Circulaire Roume : « Notre ferme intention de respecter les coutumes des indigènes (…) ne saurait nous soustraire à l'obligation de les faire évoluer vers le Progrès »[137]. C'est que dans l'esprit du juriste imprégné de la tradition romano-germanique, un régime foncier sans propriété était inconcevable. Ce dernier considère que le régime foncier n'est rien autre chose que le droit de la propriété immobilière et de ses remembrements[138].

---

[135] MOLEUR Bernard, « Traditions et loi relative au domaine national (Sénégal) », Annales Africaines, 1981, pp.7-43 ; V. Également le Conseiller d'état Jacomy cité par l'auteur selon qui : « c'est l'intérêt même de la colonisation de généraliser la constitution de la propriété surtout si l'indigène la réclame lui-même ». Ces propos ont été tenus à l'issue d'une mission d'étude au Sénégal (MOLEUR Bernard, *op.cit.*, p.21.

[136] MOLEUR Bernard, « Traditions et loi relative au domaine national (Sénégal) », Annales Africaines, 1979-1980, p.23.

[137] Circulaire Roume cité par SECK Papa Ogo, « Le juge musulman au Sénégal et en Algérie, *in* Le juge et l'Outre-Mer, p.248.

[138] CHABAS Jean, « Le domaine national du Sénégal, réforme foncière et agraire », Annales Africaines 1965, p.33.

16. Au devoir de promouvoir l'essor économique de la colonie, le colonisateur joignait volontiers le devoir d'apporter aux peuples attardés la civilisation[139]. Ainsi, à côté des raisons économiques, il y a celles civilisationnelles.

B-Les raisons civilisationnelles

17. Le Noir n'est devenu barbare que le jour où le Blanc s'est avisé de l'avantage de sa barbarie. Le développement du capitalisme au 19e siècle, son expansion outre-mer avaient besoin d'un alibi : le mythe est né d'un souci d'élégance morale et la fable de la mission civilisatrice continue de hanter les consciences des nobles âmes. Car la barbarie du nègre est pour certains Midas des temps modernes un pacte irremplaçable[140]. Comme l'écrivait un auteur, tout ce que nous pouvons affirmer, c'est que la voie sur laquelle nous nous sommes engagés aboutit à la destruction à brève échéance de tout le système coutumier : il n'est pas concevable que puisse subsister cet ensemble juridique basé sur la hiérarchie entre les individus alors que nous tendons, par la loi pénale et le système électoral à introduire le principe égalitaire issu d'une révolution qui ne fut pas africaine, mais française et qui représente l'aboutissement d'une évolution millénaire d'un peuple intellectuel par excellence » [141]. Et pourtant, convaincues de la supériorité de leur culture sur celle des « races si éloignées de leurs mœurs » auxquelles

---

[139] MOLEUR Bernard, *op.cit.,* p.21.

[140] RABEMANANTARA Jacques, « L'Europe et nous », Présence Africaine, n°Spécial, Le premier Congrès international des écrivains et des artistes noirs, 12-22 septembre 1956, p.26.

[141] NOBLE Barrie P, « Sur quelques aspects du régime foncier au Sénégal, en Angleterre et en Gambie », Annales Africaines, 1965, p.246.

elles s'étaient imposées, les puissances coloniales parmi lesquelles la France figurait en bonne place conçurent donc le droit et la justice-les leurs, au premier chef- comme un outil privilégié de progrès, « un instrument de civilisation dont nous pouvons attendre d'excellents résultats, si nous savons nous en servir »[142]. Ainsi, vu que la propriété individuelle du sol tardait à poindre en Afrique Occidentale, le législateur français se met en quelque sorte à la disposition des indigènes pour leur faciliter la dernière étape sur le chemin de la propriété privée, lorsque le développement de la civilisation et l'exemple des Européens les auront convaincus que le moment est venu de la franchir[143]. Cette situation prévalait également en Afrique Centrale notamment au Congo où : « la population encore barbare, clairsemée dans d'immenses solitudes forestières ne vit que de chasse et de quelques maigres cultures vivrières sommairement organisées autour des villages. La propriété n'est pas constituée et n'a aucune étendue »[144]. Sur la base de ce constat, il y a… pour la nation conquérante l'obligation de faire profiter les peuples conquis, des principes civilisateurs inscrits dans sa propre constitution[145].

18. Pour conclure sur les différentes raisons, il convient de méditer ce propos plein de sagesse de Bernard Moleur : « la réalité nous paraît pourtant quelque peu différente. N'est-il pas étrange de ramener, à travers cette question foncière réduite à la volonté impuissante d'imposer le droit de propriété sur le sol africain, la colonisation à une simple

[142] FOURNIEL Béatrice, DEVAUX Olivier, *op.cit.*, p.188.
[143] MOLEUR Bernard, *op.cit.*, p.22.
[144] MOLEUR Bernard, *op.cit.*, p.35.
[145] MOLEUR Bernard, *op.cit.*, p.34.

somme de « devoirs » ; devoir de promouvoir le développement économique de la colonie, mission civilisatrice… tout ceci répété avec conviction et bonne foi par tant d'administrateurs coloniaux, cadre mal avec la réalité première de l'entreprise coloniale : la domination d'une nation sur (non pas des nations mais) des peuplades primitives ou attardées pour la satisfaction prioritaire des intérêts de la nation colonisatrice »[146]. Les raisons de l'OPA ayant été déjà évoquées et sans prétendre à l'exhaustivité, l'accent sera désormais mis sur les manifestations de celle-ci.

Paragraphe 2-LES MANIFESTATIONS DE L'OPA

19. L'OPA est le fait du législateur (A) et du juge (B). En effet, durant la colonisation, à travers son droit et ses juges, la France s'est imposée en Afrique. Des pays comme le Sénégal ont servi de laboratoire certes, mais c'était sans compter sur l'indifférence voire la défiance de la population. Cette situation a entrainé l'ineffectivité de certaines réformes ainsi que la prise en compte de la spécificité du statut des destinataires des textes.

A-Le législateur

20. Le législateur français a adopté toute une armada de textes. C'est le cas en matière foncière (1) et matrimoniale (2). En effet, les manifestations de l'OPA nous amènent à identifier plusieurs questions parmi lesquelles celle de savoir

[146] MOLEUR Bernard, *op. cit.*, p.23. L'auteur n'a pas manqué de citer le Président de la commission des concessions d'alors, à l'ouverture de la session 1900 : « un intérêt supérieur, celui de la France qui n'a pas conquis ces pays pour en constituer des États, mais pour en tirer parti ».

à qui appartenaient les terres vacantes et sans maîtres. La connaissance du propriétaire des terres devrait passer par la publicité qui se manifestait par la transcription, l'inscription, l'immatriculation, la transformation des droits coutumiers en droit de propriété grâce à un certificat administratif. Au-delà de la matière foncière, le législateur français s'est attaqué au statut personnel. Ainsi, tout était fait pour éviter le mariage de la fille impubère, faire du consentement l'épine dorsale du mariage, faciliter le mariage de la femme majeure ou dont le précédent mariage a été dissous.

1-La législation foncière

21. En Afrique, la terre appartient à la famille ou au groupe social. Ce faisant, la propriété est communautaire ou collective[147]. Les terres étaient certes détenues par les communautés, mais gérées par des chefs de terres. Cette situation s'explique par le fait que la terre est une création divine, comme le ciel, comme l'air, comme les mers. Elle est à Dieu, aux dieux et aux ancêtres morts, suivant les convictions. Elle est mise au service des hommes pour assurer leur subsistance et permettre la survie de l'Espèce. Elle abrite les morts[148]. Ainsi, lorsque la France s'installa en Afrique, le

---

[147] TANO Yolande, « La précarité des titres fonciers en Côte d'Ivoire », Annales de l'Université des sciences sociales de Toulouse, Tome XL, 1992, p.151 ; *Adde* NOBLE Barrie P, *op.cit.*, p.231 surtout les références bibliographiques des notes de bas de page 3 à 8.

[148] M'BAYE Kéba, « Le régime des terres au Sénégal », Études préparées à la requête de l'Unesco, G.P Maisonneuve et Larose, 1971, p.135 ; du même auteur, « Droit et développement en Afrique francophone de l'Ouest », *in* Les aspects juridiques du développement économique, Dalloz, 1966, p.133. Dans la philosophie Bantou, l'univers constitue une chaîne de forces en interactions. Au-dessus de tous, il y a le Dieu créateur qui donne aux autres (fondateurs des clans, défunt de la tribu, les vivants) forces existence et accroissement (CHAUMARTIN François-Régis, « Le rapport

régime des terres tel que l'établissaient les coutumes, était dans ses principes si différent des conceptions françaises que le législateur colonial ne chercha même pas à l'utiliser… un régime foncier sans propriété était inconcevable pour des juristes latins qui considèrent que le régime foncier n'est rien autre chose que le droit de la propriété immobilière et de ses démembrements[149] que sont l'usufruit avec leurs diminutifs à savoir le droit d'usage et d'habitation, l'emphytéose, le droit de superficie, la servitude.

Les réformes ci-après ont été menées[150] :

---

de l'homme au monde dans les cultures négro-africaine et négro-romaine », *in* Langues-Littérature-Histoire anciennes, Mélanges offerts à Léopold Sédar Senghor, Les nouvelles éditions africaines, 1977, p.56. *Adde* M'BENGUE Aboune Badara, « La réforme foncière et agraire au Sénégal », PENANT, 1965, n°707, p.298. Selon cet auteur : Dans la conception qui domine en Afrique Noire, la terre, de même que la mer et le ciel, appartient à Dieu, aux génies ou aux ancêtres, suivant les conceptions. Elle est insusceptible d'appropriation individuelle et doit servir à la vie de la collectivité ; VERDIER Raymond, « Problèmes fonciers nigériens », PENANT, 1964, n°703/704, pp.587-593 ; du même auteur, « Problèmes fonciers sénégalais », PENANT, 1964, n°703/704, pp.549-553 ; « Problèmes fonciers ivoiriens », PENANT, 1963, n°697, pp.404-411 ; « Problèmes fonciers voltaïques », PENANT, 1964, n°701, pp.263-269. L'auteur a écrit que : « la terre ne peut en principe être transférée définitivement en dehors du groupe et son usage est réservé à ceux qui en font partie par naissance ou adoption ; le principe que le bien commun doit demeurer dans la communauté est essentiellement un principe sociologique que l'on trouve souvent exprimé en termes religieux par les Africains (la terre est un bien sacré) ou transposé en termes juridiques occidentaux (la terre est inaliénable). MANDESSI BELL Evelyne, « Radioscopie d'un système foncier africain : l'exemple du Cameroun cinquante-quatre ans après », PENANT, 1987, n°789, pp.268-290.

[149] CHABAS Jean, « Le domaine national du Sénégal. Réforme foncière et agraire », Annales Africaines, 1965, pp.33-70.

[150] Sur l'ensemble de ces textes, V. M'BAYE Kéba, « Le régime des terres au Sénégal », *op.cit.*, pp.144 à 150.

-introduction au Sénégal du Code civil par arrêté du 5 novembre 1830[151]. Ainsi, le régime foncier français en vigueur était celui de l'inscription à la conservation des hypothèques des droits réels grevant les terres). C'est ce que l'on a appelé « les terres du Code Civil ». Il conviendra de relever qu'à cette époque, le droit foncier n'intéressait pratiquement que des immeubles urbains, d'où la nécessité d'appliquer les principes initiaux du Code civil. Mais l'insuffisance du régime de l'inscription (hypothèque) a justifié l'instauration du système de la transcription (mutation) par une loi du 23 mars 1855. Ces différentes formes de publicité n'ayant pas donné les résultats escomptés, l'immatriculation a été instituée ;

-introduction de la publicité foncière au Sénégal par une loi du 23 mars 1855 (on parle aussi de régime de la transcription[152]) ;

---

[151] Cet arrêté s'est étendu à la Guinée, la Côte d'Ivoire, au Dahomey, au Soudan français, au Niger et à la Haute-Volta, territoires considérés alors comme des dépendances de la colonie sénégalaise ; sur ces affirmations, V. M'BAYE Kéba, « Le destin du Code civil en Afrique », in *Le Code civil 1804-2004 Livre du Bicentenaire*, Paris, Dalloz, 2004, p.419 ; *Adde* GASPARINI E, « L'introduction du Code civil en Afrique et en Asie (XIXe siècle-début XXe siècle), *in La présence du Code civil dans le Monde Arabe*, Colloque de Marrakech, Rabat, Imprimerie Omnia, 2004, p.67. Suivant l'arrêté précité : « tout individu né libre et habitant le Sénégal ou ses dépendances jouira dans la colonie des droits accordés par le Code civil aux citoyens français ».

[152] Cette loi protège les tiers contre les menaces d'éviction qui pourraient provenir d'une constitution antérieure de droits sur l'immeuble consentie par un auteur commun. Précisons que les autres causes d'éviction n'étaient pas visées par ladite loi. Elle établissait un ordre de préférence entre les ayants cause d'un même auteur. V. CASSE Victor, *Les régimes fonciers africains et malgache, Évolution depuis l'indépendance,* L.G.D.J, 1971, p.14.

-Décret du 20 mai 1857 statut des indigènes ;

-Organisation du service des hypothèques par le décret du 28 novembre 1861 ;

-selon un arrêté Gubernatorial de 1862, toutes les terres non appropriées selon les règles classiques appartiennent à l'État. Cet arrêté a été abrogé un an après certes, mais rétabli par un nouvel arrêté de 1865 qui conforte ainsi la théorie dite « du domaine éminent de l'État ». Suivant cette théorie, vu que la France s'est substituée aux chefs indigènes, elle a par conséquent hérité de tous leurs droits notamment de propriété sur les terres conquises pendant les guerres coloniales. S'étant fait à l'idée selon laquelle qu'en vertu du droit de conquête ou de traités particuliers, l'État français se considéra comme subrogé aux droits des chefs indigènes et, mieux encore, comme propriétaire de tous les terrains qui ne faisaient pas l'objet d'appropriation, le gouverneur FAIDHERBE a pris un arrêté, le 11 mars 1865 décidant que l'acte de concession délivré par l'administration serait dorénavant le seul titre de possession reconnu pour les terrains vagues. Cependant, les paysans sénégalais titulaires de droits traditionnels et familiaux reconnus n'ont guère jugé nécessaire de demander une quelconque concession[153] ;

-Le décret domanial sénégalais du 20 juillet 1900 proclame la maîtrise absolue de l'État sur le sol sénégalais notamment sur les terres vacantes et sans maîtres des Territoires résultant de la conquête[154] ;

---

153 DIOP Abdoulaye, « L'évolution de la propriété immobilière au Sénégal », RJPIC, 1970, n°4, pp. 702-703.

154 L'interrogation majeure qui sous-tend cette règle est la suivante : qui devait être considéré comme propriétaire des terres conquises ? Se basant

-Les décrets du 23 octobre 1904[155] et celui du 24 juillet 1906 règlent la question du domaine pour toute l'AOF, admettent l'existence de droits coutumiers sur les terres colonisées (il était néanmoins recommandé aux indigènes de transformer leurs droits coutumiers en droits de propriété en se faisant délivrer un certificat administratif) tout en minimisant la portée de la théorie du « domaine éminent de l'État » ;

-les décrets des 24 juillet 1906 et 26 juillet 1932 ont institué le système de l'immatriculation qui peut se définir comme étant une garantie instituée au bénéfice des titulaires des droits réels sur les immeubles et consistant en une publicité par l'inscription desdits droits et de leurs modifications au livre foncier, en vue de l'établissement de titres intangibles[156]. On parle également du régime des livres fonciers qui a un double objectif : prouver et créer des droits[157] ;

-Le décret du 24 juillet 1906 a été remanié et remplacé par un nouveau décret du 26 Juillet 1932 ;

-décret du 8 octobre 1925 (ceux qui détenaient des droits sur le sol conformément aux coutumes locales peuvent faire constater l'existence et l'étendue de ceux-ci). L'objectif

---

sur l'article 539 du Code civil, les adeptes de cette règle ont désigné l'État comme propriétaire. V. COQUERY-VIDROVITCH Catherine, « Le régime foncier rural en Afrique noire », *in* Les enjeux fonciers en Afrique noire, *op.cit.*, p.73.

155 Ce Décret du 23 octobre 1904 délimitait le domaine de l'État aux terres vacantes et sans maîtres.

156 DIOP Abdoulaye, *op.cit.*, p.703.

157 GASSE Victor, *Les régimes fonciers africains et malgache, Évolution depuis l'indépendance*, L.G.D.J, 1971, p.15.

recherché par ledit décret c'est de faire constater l'existence et l'étendue, conformément à la coutume, des droits sur le sol. Ainsi, était introduite une demande du prétendu possesseur des droits coutumiers laquelle était suivie d'une phase d'enquête, à laquelle pourrait succéder une phase judiciaire en cas d'opposition opérée par un tiers. C'est dire que la consolidation des droits du possesseur était subordonnée à la fourniture d'un certificat administratif ;

-le décret du 15 novembre 1935 maintient la propriété de l'État uniquement sur les terres vacantes et sans maître (les terres vacantes et sans maître sont celles inexploitées ou inoccupées depuis plus de 10 ans)[158] ;

-le décret du 20 mai 1955 abroge l'article 1er du décret du 15 novembre 1935[159]. Ainsi, le principe d'appartenance des terres vacantes et sans maître a disparu du texte précité pour céder la place dans la pratique à des enquêtes pour savoir si la terre était sans maître et vacante. De plus, ce décret a supprimé le certificat administratif exigé en 1906 et prévoyait des conditions drastiques de transformation des droits coutumiers en droits de propriété : un droit coutumier individualisé, comportant droit de disposition ; un droit coutumier se manifestant par « une emprise évidente et permanente » à savoir l'élévation de constructions, la mise en valeur.

À l'instar de la politique foncière, le lien matrimonial n'a pas été épargné par l'emprise du colon.

---

[158] MOLEUR Bernard, *op.cit.*, p.35.

[159] Le décret du 20 mai 1955 est à coupler avec celui du 10 juillet 1956 ayant le même objectif que le premier.

2-Le lien matrimonial

22. L'article 146 du Code civil français[160] et le décret Mandel du 15 juin 1939[161] exigent le consentement des futurs époux pour se marier. Il s'agit d'une condition de validité[162]. Ainsi, est nulle toute convention matrimoniale intervenue sans le consentement de la fille ou femme, toute convention matrimoniale concernant une fille impubère. En outre, la veuve pouvait se remarier selon sa volonté[163]. Pourtant, dans la pratique, le décret Mandel n'a pas été suivi. Cette situation a entrainé une réaction de la part du législateur, à travers l'adoption de sanctions pénales plus sévères. Le décret Jacquinot quant à lui [164] institue non seulement l'option de

---

160 Il n'y a pas de mariage lorsqu'il n'y a point de consentement.

161 L'article 2 du Décret Mandel dispose : sont nulles de plein droit sans que la partie qui se dirait lésée par le prononcé de la nullité puisse de ce fait réclamer aucune indemnité : a) Toute convention matrimoniale concernant une fillette impubère, qu'elle soit ou non accompagnée du consentement de la fille, b) Toute convention matrimoniale concernant la fille pubère lorsque celle-ci refuse son consentement. Pour Mouhamadou Moctar M'BACKE, l'article 108, paragraphe 1 du Code de la famille relatif au consentement des époux, est une réédition de ce texte, trente ans plus tard (M'Backe Mouhamadou Moctar, « De la protection de la femme et de l'enfant dans le code sénégalais de la famille », RSD, 1973, n°13, p.43).

162 C'est pourquoi le coutumier juridique du cercle de Ouahigouya (c'était la capitale du royaume mossi du Sud) a décidé que le mariage n'était plus un contrat familial, mais individuel. *Les coutumiers juridiques de l'A.O.F* constituent un programme de rédaction de la coutume et partant, de connaissance de celle-ci, après avoir institué les juridictions indigènes, lancé en 1905 par le gouverneur Roume, réactivé par le gouverneur général Brévié en 1931. V. POUMAREDE Jacques, « Regard d'un historien », *in* Existe-t-il une culture juridique francophone ?, sous la direction d'Henry Roussillon, Presses de l'Université Toulouse 1 sciences sociales, 2007, p.57.

163 FOURNIEL Béatrice, DEVAUX Olivier, *op.cit.*, p.198.

164 Il était à l'époque Ministre de la France d'Outre-Mer.

monogamie[165] (article 5), mais également précise qu'un plafond pourrait être fixé à la dot par le chef de territoire[166]. Dans cette dernière hypothèse, nous pourrons citer l'article 3 du décret Jacquinot du 14 septembre 1951 qui dispose : « dans ces mêmes pays-il s'agit des pays où la dot est une institution coutumière-C'est nous qui ajoutons-le défaut de consentement des parents, s'il est provoqué par des exigences excessives de leur part, ne peut avoir pour effet de faire obstacle au mariage d'une fille majeure de vingt et un ans ». Une autre disposition dudit décret permet de se rendre compte de la volonté du législateur français d'interdire tout avantage tiré de la dot lors du mariage, des fiançailles d'une fille majeure de vingt et un ans ou lors des fiançailles ou remariage d'une femme dont le précédent mariage a été dissous. Il s'agit de l'article 2[167]. C'est dire que la spéculation de certains parents ou tuteurs qui consistait à donner leur consentement aux plus offrants est la principale cible visée par le texte de 1951. En outre, le décret Jacquinot a voulu être plus précis que celui de 1939 en assurant le contrôle des sommes excessives par les chefs de territoire. Compétence est aussi donnée aux tribunaux de premier degré pour juger les

---

165 Les futurs époux de droit traditionnel pouvaient renoncer à la polygamie.

166 BADJI Mamadou, « Le mariage dans le droit traditionnel africain », *op.cit.*, p.134 note bas de page 1.

167 Aux termes de cette disposition : « Même dans les pays où la dot est une institution coutumière, la fille majeure de vingt et un ans et la femme dont le précédent mariage a été légalement dissous, peuvent librement se marier sans que quiconque puisse prétendre en retirer un avantage matériel, soit à l'occasion des fiançailles, soit pendant le mariage ». V. DIOP Amadou Abdoulaye, « La femme africaine : quelle protection juridique ? L'exemple par le statut personnel. Approche historique et contemporaine », *in* Mélanges Bernard DURAND, L'harmattan, 2020, p.298.

différents résultats de l'application de l'article 3[168]. D'ailleurs, le Code pénal indigène de 1944, le décret du 19 novembre 1947 applicables dans les territoires d'Outre-Mer de l'AOF, de l'AEF et les territoires sous tutelle du Cameroun et du Togo, prévoyaient le délit d'escroquerie à la dot[169]. Au-delà de l'œuvre législative portant les traces de la velléité dominatrice du législateur français, on ne saurait passer sous silence l'attitude du praticien chargé d'appliquer la règle de droit en l'occurrence le juge.

B-Le juge

23. Durant la période coloniale, l'organisation judiciaire était dominée par le principe d'un double ordre de juridictions judiciaires : l'un français, l'autre indigène[170]. La coexistence des deux communautés (l'une française, l'autre indigène[171]) et aussi la volonté de la France de respecter les traditions locales, avaient conduit le législateur colonial à opter pour

---

[168] NIANG Mamadou, « L'évolution de la dot au Sénégal- De la tradition à la modernité », PENANT, 1974, n°745, Juillet-Août-Septembre, p.357.

[169] V. MANGIN Gilbert, « Le droit pénal de la famille dans les États africains d'expression française », RJPIC, 1968, n°1, pp.141-155.

[170] La justice indigène a été instituée par le décret Roume.

[171] D'après l'article 2 du décret du 2 mars 1924, sont indigènes et justiciables des juridictions indigènes, les individus originaires des possessions françaises de l'Afrique occidentale française et de l'Afrique équatoriale ne possédant pas la qualité de citoyen français, et ceux originaires des pays placés sous mandat ainsi que des pays étrangers compris entre ces territoires ou pays limitrophes, qui n'ont pas dans leurs pays d'origine le statut de nationaux européens. V. Sur la question THIAM Samba, « L'histoire de la procédure civile au Sénégal (1823-1964) », Nouvelles Annales Africaines, n°2/2008, pp.192-193. Le Décret de 1903 qui organise la justice indigène dans les colonies de l'A.O.F dispose qu'est indigène l'individu non justiciable des tribunaux français. V. LANDRAUD Micheline, « Justice « indigène » et politique coloniale, L'exemple de la Côte d'Ivoire (1903-1940) », PENANT, 1978, n°759, p.11 note de bas de page 18.

une conception bicéphale de l'administration de la justice (1). Au nom de l'ordre public colonial, le juge français et indigène[172] mettait à l'écart des coutumes incompatibles avec les « principes de la civilisation française », c'est-à-dire concrètement à la morale ou à l'ordre public français[173] (2).

1-La conception bicéphale de l'administration de la justice

24. Au Sénégal, existait durant la période coloniale, une dualité de juridictions[174], c'est-à-dire une justice qui jugeait les colons et les assimilés (habitants des quatre communes)[175] et une autre qui connaissait du contentieux opposant les indigènes. Ainsi, il y avait trois types de tribunaux :

-les tribunaux de droit local ;

-les tribunaux de droit moderne ;

-les tribunaux administratifs[176].

Concernant les tribunaux de droit local, deux remarques doivent être faites : une d'ordre temporel d'une part et une autre d'ordre statutaire d'autre part. Relativement à la

---

[172] Les juridictions indigènes dites de droit local étaient composées de magistrats non professionnels à savoir les administrateurs des colonies assistés d'assesseurs indigènes.

[173] BADJI Mamadou, « L'idée de codification dans la construction du droit coutumier en Afrique occidentale française au XXe siècle », *op.cit.*, p.109.

[174] LAMPUE Pierre, « La justice civile dans les États d'Afrique francophone et à Madagascar », RJPIC, 1966, n°1, p.158.

[175] La loi du 24 avril 1833 faisait des ressortissants des quatre communes, Dakar, Gorée, Saint-Louis et Rufisque, des citoyens français ; GASPARINI Eric, « Le juge et la gestion de l'altérité : La question de la citoyenneté dans les colonies françaises et italiennes d'Afrique » *in* Le juge et l'outre-mer, Tome 3, Centre d'histoire judiciaire, 2007, p.22.

[176] V. SY Samba Alassane, « Le juge spécialisé sous l'ancien régime », RSD, 1974, n°15, p.5.

première observation, il conviendra de noter qu'avant 1946, il y avait au Sénégal des tribunaux français qui jugeaient les Français et assimilés et les tribunaux indigènes compétents pour se prononcer sur le sort des autochtones, sujets français. Depuis 1946, l'appellation « tribunaux indigènes » a disparu au profit de celle de « tribunaux de droit local ». Justement, et il s'agit là d'une belle transition vers la seconde remarque, dans ces tribunaux, étaient logés les tribunaux musulmans[177], considérés comme faisant partie de l'ordre des juridictions françaises et qui étaient compétents pour juger les originaires des « 4 communes », citoyens français et qui échappaient de ce fait à la juridiction des tribunaux de droit local[178]. Cependant, on permettait à ces citoyens français de conserver leur statut personnel (état des personnes, mariage, divorce, successions, testaments et donations) pour lequel les tribunaux musulmans, appelés cadis, étaient compétents[179] à la seule condition que tous les plaideurs fussent musulmans[180]. C'est dire que les tribunaux musulmans sont bien des tribunaux indigènes composés différemment[181]. Si les indigènes ainsi que les citoyens français habitants des

---

[177] Ils ont été créés le 20 mai 1857.

[178] MBAYE Kéba, « L'organisation judiciaire au Sénégal », PENANT 1965, n°705, p.30.

[179] Sur les raisons de cette autorisation, V.SECK Papa Ogo, « Le juge musulman au Sénégal et en Algérie (1830-1960) Reconnaître l'autre… pour mieux le maîtriser ? », *in* Le juge et l'outre-mer, Tome 3, Centre d'histoire judiciaire, 2007, p.229 (le législateur voulait asseoir sa domination et pour cela, il fallait légitimer le pouvoir de l'islam, en constante progression), p.235, p.237.

[180] SECK Papa Ogo, « Le juge musulman au Sénégal et en Algérie (1830-1960) Reconnaître l'autre pour mieux le maîtriser ? », *op.cit.*, p.244.

[181] Lettre du gouverneur du Sénégal, 5 août 1908 cité par SECK Papa Ogo, « Le juge musulman au Sénégal et en Algérie (1830-1960), Reconnaître l'autre… pour mieux le maîtriser ? *op.cit.*, p.242.

quatre communes ayant conservé leur statut étaient jugés par des tribunaux différents de ceux des citoyens français et assimilés, comment une coutume jugée contraire à l'esprit de la civilisation française pouvait-elle survivre et être appliquée par le juge ?

2-La mise à l'écart de la coutume au nom de l'ordre public colonial

25. Au nom de l'ordre public colonial, la coutume pouvait être écartée[182]. Pour Henry Solus qui l'a défini[183], l'ordre public colonial est essentiellement contingent et exceptionnel[184]. En effet, durant la période coloniale, l'ordre public a été utilisé pour contrecarrer des coutumes jugées peu compatibles avec l'œuvre de la colonisation[185]. C'est ainsi que pour la jurisprudence, la citoyenneté française était

---

[182] DECOTTIGNIES Roger, « Prière à Thémis pour l'Afrique », RSD, 1967, p.9.

[183] Cité par KABANGE Clément, « L'ordre public et le droit traditionnel », RJPIC, 1972, n°2, p.281. Selon Solus, l'ordre public colonial c'est : « la loi du statut personnel indigène, dont le respect a été cependant proclamé par la métropole et qui ne peut prévaloir lorsqu'elle est en opposition ou en contradiction avec une règle que la nation colonisatrice considère, dans la colonie, comme essentiel au succès de l'œuvre de la colonisation ».

[184] SOLUS Henry, *Traité de la condition des indigènes en droit privé. Colonie et pays de protectorat (non compris l'Afrique du Nord) et pays sous mandat*, Recueil Sirey, 1927. 590 pages. *Adde* DIOUF Seydou, « Le maintien de l'ordre public colonial au Sénégal », Annales Africaines, 2018, Volume 2, p.18. Pour l'auteur, la contingence de l'ordre public colonial s'est manifestée à travers le maintien des institutions de droit privé, les us et coutumes variant d'une colonie à une autre, une interprétation au cas par cas de l'ordre public s'imposait. C'est tout le sens de la Constitution du 27 octobre 1946. En revanche, les coutumes contraires à la civilisation française étaient réprimées (traite des personnes, sacrifices humains, anthropophagie, adultère, sorcellerie, magie, escroquerie).

[185] KABANGE Clément, « L'ordre public et le droit traditionnel »,RJPIC, 1972, n°2, p.281.

incompatible avec le maintien du statut coutumier[186]. C'est pourquoi la Cour de cassation française avait eu à annuler le mariage d'un administrateur français en fonction en Guinée qui avait épousé deux Guinéennes selon la coutume. En outre, la Chambre criminelle de la Cour de cassation française a déclaré coupable de bigamie, un musulman algérien ignorant que son premier mariage contracté de l'état civil français avait emporté renonciation à son statut personnel autorisant la polygamie[187]. Il en est de même de la décision de justice de la Cour de cassation française qui rappelait à une femme musulmane, mariée à un autre musulman devant l'officier de l'état civil français de Saint-Eugène (Département d'Alger) son devoir de fidélité envers cet époux, tant que ce mariage n'est pas dissout en ces termes : « Mais attendu que la dame ZITOUNI, qui avait contracté mariage devant l'officier de l'État civil français demeurait de ce fait, astreinte au devoir de fidélité, tant que ce mariage n'avait pas été dissout, conformément à la loi française à laquelle elle s'était soumise »[188]. Pour rappel, la dame en faute avait estimé qu'au moment de son remariage, il existait une séparation de fait avec son premier mari depuis plus d'un an ; ce qui constituait pour elle, en raison de son origine musulmane, une répudiation de la part de son mari. Par conséquent, elle n'avait eu aucune intention coupable, élément indispensable pour l'existence du délit d'adultère. Ces différentes décisions démontrent à suffisance que le juge français a toujours tenu à faire appliquer le droit qu'il connaît. C'est pourquoi feu Kéba M'Baye a écrit ceci, même si son propos concernait le droit

---

[186] PENANT 1924, p.132.
[187] Cass.crim.14 février 1929, S.1930, p.1280.
[188] Cass.civ, 19 janvier 1936, D.1937, I, p.15.

foncier : « les tribunaux, bâtis sur le principe du respect des coutumes locales, n'ont pas su s'empêcher de juger selon les normes de l'Europe. Les juges, qui étaient des administrateurs français, n'ont pas su oublier totalement les principes fondamentaux du droit français considérés, dans leur mentalité de conquérants, comme des vérités universelles. Ils étaient d'ailleurs encouragés dans cette entreprise par la réceptivité des justiciables. En réalité, ils ne se sont pas aperçus que leur jurisprudence n'atteignait guère que les couches hétérogènes et détribalisés des centres urbains. Les populations des campagnes ont continué à ignorer cette jurisprudence et à faire confiance à leurs chefs traditionnels pour la solution de leurs problèmes »[189]. D'ailleurs, il convient de faire remarquer qu'un célèbre arrêt de la Cour d'Appel de Bordeaux, le 24 juin 1903, a admis la théorie du domaine éminent de l'État[190].

26. Dans cette tentative de faire prévaloir la civilisation française au détriment de la coutume, le juge indigène n'a pas été en reste. C'est ainsi que dans la répression de l'adultère, il écarte systématiquement les pénalités coutumières estimées contraires aux principes de la civilisation française[191]. Comme l'a précisé, dans la décision n°57, datée du 14 août 1931 : « (...) la justice indigène ne doit pas perdre de vue ces principes émanant de la civilisation française, et elle doit s'en

---

189 M'BAYE Kéba, « Le régime des terres au Sénégal », *op.cit.*, p.143.

190 V. M'BAYE Kéba, *op.cit.*, p.145.

191 SARR Dominique, « Jurisprudence des tribunaux indigènes du Sénégal, les causes de rupture du lien matrimonial de 1872 à 1946 », Annales Africaines 1975, p.144. L'auteur n'a pas manqué de faire remarquer la double évolution de la famille étendue due aussi bien à l'installation française qu'à l'islam.

remettre à ceux-ci, et non à d'autres, quand la coutume n'est plus en accord avec une évolution rapide des mœurs, laquelle serait dangereuse si elle n'était contenue et dirigée par des lois »[192]

Le fait est que durant la période coloniale, la législation française a été imposée en Afrique. Une fois indépendants, certains États dudit Continent ont fait du droit français un modèle, un référentiel. C'est dire qu'avec la fin de la domination française, l'imposition du modèle juridique français par la contrainte prenait également fin[193].

SECTION II-L'INFLUENCE DE LA CULTURE JURIDIQUE FRANÇAISE À COMPTER DES INDÉPENDANCES

27. Une fois indépendants, les États africains ont-ils décolonisé, c'est-à-dire affirmer l'indépendance de leurs droits par rapport au droit européen ?[194] Le professeur Moussa THIOYE se pose également la même question en ces termes : « Quand on sait que l'Afrique subsaharienne a été l'une des terres fertiles d'exportation du droit et même des juristes occidentaux, autant par l'invasion physique que par

---

[192] Cité par SARR Dominique, *op.cit.*, pp.145-146.

[193] JIOGUE Grégoire, *op.cit.*, p.84.

[194] BOUREL Pierre, « La conjonction du droit africain et du droit européen dans le droit des conflits des lois en Afrique noire francophone », Annales Africaines, 1968, p.58 ; LE ROY Etienne, « Pourquoi faut-il, encore plaider la cause de la décolonisation du droit au Sahel (et ailleurs) », *(In) dépendances*, Africaine contemporaine, 271/272, pp.41-61. V. Aussi André TUNC pour qui décoloniser le droit signifie le libérer des influences subies pendant la période coloniale ; TUNC André, « La vie du droit en Afrique », RJPIC, 1978, n°2, p.722.

l'invasion intellectuelle, il n'est pas inopportun de se demander si, à l'heure actuelle, les systèmes juridiques du « continent noir » demeurent encore liés par le nombril des anciennes puissances coloniales[195]. La réponse à cette question ne saurait relever d'un absolutisme, car tout dépend des situations en présence. Dans tous les cas, lors de l'accession à l'indépendance, plusieurs pays africains devaient choisir entre la coutume et la loi. Que ce soit ceux à qui on a chargé d'élaborer des textes pour certains pays comme René David[196] ou les premiers codificateurs sénégalais[197], tous avaient eu un préjugé favorable pour la coutume[198]. Mais très vite, l'optimisme a cédé la place au pessimisme[199]. Il demeure certain que le développement a été l'un des moteurs de la déstructuration des grandes notions de droit privé[200] à l'exception certainement du droit pénal et de

---

[195] THIOYE Moussa, « Part respective de la tradition et de la modernité dans les droits de la famille des pays d'Afrique noire francophone », R.I.D.C, 2005, 2, p.345.

[196] DAVID René, « La refonte du Code civil dans les états africains », PENANT 1962, p.353.

[197] M'BAYE Kéba, "Droit et développement en Afrique francophone de l'Ouest" RSD, 1967, n°1, p.56, note 39.

[198] L'ancien premier président de la Cour suprême du Sénégal et président de la commission de codification du Code civil au Sénégal, Isaac FORSTER (*La place de la coutume indigène dans le Droit moderne de la République du Sénégal*, Genève, 1963) précisait ceci : « Nous gardons notre foi intacte en la coutume que nous plaçons sur un pied d'égalité avec les lois de notre Droit moderne. Nous reconnaissons seulement qu'elle est difficile à saisir et à codifier ».

[199] V. DECOTTIGNIES Roger, « Prière à Thémis pour l'Afrique », RSD, 1967, n°1, p.5 et s., spéc.p.8 ; KOUASSIGAN Guy, Quelle est ma loi, Tradition et modernisme dans le droit privé de la famille en Afrique noire francophone, PEDONE, 1974, p.196 ; DAVID René, *op.cit.*, PENANT, 1962, p.354.

[200] ROCHFELD Judith, *Les grandes notions de droit privé*, PUF, 3e édition, 2022, 732 pages.

la politique criminelle[201]. Cette déstructuration a commencé lors des premières années d'indépendance (Paragraphe 1). Cependant, des années 1990 à nos jours, un autre tournant a pu être constaté dans la législation des États d'Afrique (Paragraphe 2).

Paragraphe 1 -LES PREMIÈRES ANNÉES D'INDÉPENDANCE

28. Comme précisé ci-dessus, l'accession à l'indépendance n'a pas forcément été une occasion pour les anciennes colonies de rompre avec l'ancienne métropole (A). Cela est en partie dû au fait que le développement devait passer par une législation uniforme et attractive (B).

A-Une abrogation en trompe-l'œil du Code civil ?

29. Le Code civil a été introduit au Sénégal par arrêté du 5 novembre 1830[202]. Cependant, à compter du 1er janvier 1967, date d'entrée en vigueur de la partie générale du COCC, de la partie spéciale dudit Code et du Code des obligations de l'administration (COA), il a cessé d'avoir droit de cité, du moins le Titre III (**Des contrats et des obligations conventionnelles en général**) du Livre 3 du Code civil, dans ledit pays[203]. De même, l'article 830 du Code de la famille abroge les titres trois à onze du Livre I du Code civil (on peut

---

[201] MICHELET Elisabeth, « Politique criminelle et prophylaxie sociale au Sénégal », PENANT, 1981, n°773, pp.48-74.

[202] Le Sénégal a d'abord servi de laboratoire pour les autres pays. C'est ce qui a fait dire au Professeur Mamadou BADJI que le Sénégal est la « première pierre de l'Empire français ». V. BADJI Mamadou, « Écriture et enseignement du Droit, in Écriture du Droit, sous la direction de Nguyen Ngoc Dien, Presses Universitaires de Toulouse 1 Capitole, 2014, p.122.

[203] V. Les dispositions finales de la loi n°66-70 du 13 juillet 1966 portant Code des obligations-Deuxième partie-Contrats spéciaux, J.O.R.S, lundi 29 août 1966, p.1108.

certainement nommer ceux-ci « droit extrapatrimonial de la famille ») ainsi que les titres 1 à 5 du livre III (il s'agit du droit patrimonial de la famille). Cependant, au regard du fait que c'est toujours le mariage qui crée la famille au Sénégal, on ne saurait dire que le droit français a cessé d'influencer son homologue sénégalais[204]. En effet, l'article 100 du Code de la famille dispose que : « Le lien matrimonial crée la famille par l'union solennelle de l'homme et de la femme dans le mariage ». Le lien matrimonial n'est rien d'autre que le mariage. Dit autrement, point de famille en dehors du mariage. Même si en droit français on peut noter une certaine évolution relativement aux formes de conjugalité, il n'en demeure pas moins vrai que l'article 100 du Code de la famille privilégie la famille nucléaire au détriment de la famille élargie[205]. C'est pourquoi l'on parle également de

---

[204] Il semble d'ailleurs que le législateur sénégalais ne soit pas le seul à subir cette influence. C'est ainsi que pour Nicole NDOKO, : « Les législateurs africains ont cependant généralement opté pour la conception occidentale de la famille. Ainsi, lorsqu'il s'agit d'imposer des droits et obligations dont les manquements sont susceptibles d'emporter une sanction, on ne tient compte que de la famille au sens étroit c'est-à-dire les époux et leurs enfants. Ce qui constitue un véritable « forçage » de la réalité » ; NDOKO Nicole, « Les manquements au droit de la famille en Afrique noire », RIDC, Vol 43, n°1, janvier-mars 1991, pp.87-104.

[205] Il ne faudrait cependant pas conclure à la disparition de la famille élargie comme on peut le constater à travers la catégorisation des successibles (article 516 du Code de la famille), l'obligation alimentaire (article 260 du Code de la famille) et la source de la parenté (article 254 du Code de la famille) V. Article de GAMET Laurent, « Solidarité et travail », *in* Le droit africain à la quête de son identité, Mélanges offerts au Professeur Isaac Yankhoba Ndiaye, L'harmattan Sénégal, 2021, pp.575-585.

famille conjugale[206] ou de famille issu du mariage[207]. Dans tous les cas, au Sénégal, la loi n°2011-07 du 30 mars 2011

[206] C'est-à-dire celle qui est composée des époux et de leurs enfants légitimes. Sur la famille conjugale, V.Sur la famille conjugale, RABIAZA Prosper, « Le mariage malgache », PENANT, 1970, n°728, pp.133-151 ; ABITBOL Eliette, « La famille conjugale et le droit nouveau du mariage en Côte d'Ivoire, PENANT, 1966, n°712, p.305 ; ANOUKAHA François, « La filiation naturelle au Cameroun après l'ordonnance n°81-02 du 29 juin 1981 », PENANT, 1987, n°793, pp.7-31 (De plus, la conception traditionnelle de la famille s'est rétrécie de plus en plus au profit de la notion moderne de famille) ; NKOLO Pierrette, « L'option matrimoniale au Cameroun », PENANT, 1987, n°793, pp.87-116 ; NIANG Mamadou, « Structures parentales et stratégie juridique du développement en Afrique noire francophone (Étude appliquée aux Wolof du Sénégal) », PENANT, 1973, n°742, pp.513-538 ; HERBECQ Pierre, « les causes de divorce en droit positif malgache », PENANT, 1973, n°740, pp.204-264 ; Les causes de divorce en droit positif malgache », PENANT, 1972, n°735, pp.1-40 ;DICKO Ousmane Boubou, « Le mariage et le divorce au Mali », PENANT, 1965, n°707, p.320 (…Au contact du monde moderne, cette situation devait se modifier progressivement) ; ABITBOL Eliette, « La famille conjugale et le droit nouveau du mariage en Côte d'Ivoire », PENANT, 1966, n°712, p. 308 (l'innovation fondamentale de ce nouveau droit du mariage réside à notre avis dans la rupture qu'il marque avec sa structure en sapant tant la cohésion que l'autorité du lignage (…) la réforme ivoirienne consacre cette évolution : la famille lignagère fait place à la famille conjugale) ; MELONE Stanislas, « Le poids de la tradition dans le droit africain contemporain (A propos du phénomène polygamique au Cameroun et de ses prolongements juridiques), PENANT, 1971, n°734, pp.421-440 ; HERBECQ Philippe, « Les causes de divorce en droit positif malgache », DIALLO Seyni Sambo, « Les droits de famille dans la coutume Mossi », PENANT, 1971, n°734, pp.443-474 ; PENANT, 1967, n°715, p.14 (La famille Mossi est différente de la « famille ménage » européenne) ; RAHAHARIJAONA Henri RATSIRAHONANA Norbert, « Le droit Malagasy de la famille », PENANT, 1968, n°722, p.437 (Dans les systèmes traditionnels les collectivités coutumières et les familles tenaient une place prépondérante au sein de la Société et exerçaient une emprise plus ou moins considérable sur l'individu et sur son foyer. Le législateur malagasy a entrepris de libérer l'individu de l'emprise ethnique ou familiale par diverses mesures) ; HILAIRE Jean, « Variations sur le mariage, à propos de la codification en Afrique noire », PENANT, 1968, n°720, p.168 ; NDIAYE Ndeye Coumba Madeleine, « Liberté individuelle

portant régime de la propriété foncière a sonné le glas du décret du 26 juillet 1932 portant réorganisation du régime de la propriété en Afrique occidentale française[208]. De même, dans certains États africains, les règles du Code civil de 1804 continuent toujours à s'appliquer[209].

B-La velléité d'uniformisation du droit et de développement économique

30. Nous examinerons tour à tour les velléités d'uniformisation du droit (1) et de développement économique (2).

---

et formation du mariage en droit sénégalais », Annales Africaines, Volume 2, 2004, p.45 ; OMOUALI Daphtone LEKEBE, « Les réformes du droit de la famille dans les États d'Afrique noire francophone : tendances maliennes », Annales Africaines, 2017, Volume 1, n°6, pp.323-352 ; NDIAYE Cheikh Abdoul Wakhab, « L'écrit dans le Code de la famille du Sénégal », Annales Africaines, 2014, Volume 1, p.97.

[207] NDIAYE Ndèye Coumba Madeleine, « La notion de famille en droit sénégalais : réflexions sur l'approche d'un « Code de compromis », *in* Le droit africain à la quête de son identité, Mélanges offerts au Professeur Isaac Yankhoba Ndiaye, L'harmattan Sénégal, 2021, p.896. Selon l'auteur, la famille issue du mariage a été idéalisée et est le seul modèle familial mis en avant par le législateur sénégalais à travers le Code de la famille. En somme, c'est le mariage qui constitue le fondement de la famille. *Adde* FALL Papa Tall, « Réflexions critiques sur le divorce en droit sénégalais (étude de jurisprudence) *in* Famille, genre et société, Revue sénégalaise de droit et science politique, 2015-2016, n°13, p.149.

[208] Article 96 de la loi n°2011-07 du 30 mars 2011 portant régime de la propriété foncière.

[209] C'est le cas de la Côte d'Ivoire, du Cameroun, Niger, du Maroc et de la Tunisie. Pour ces deux derniers pays, V. DEROUSSIN David, « Les codes des obligations et des contrats dans les protectorats français et au Liban. Contribution à l'histoire comparée du droit des obligations », in Mélanges en l'honneur de Bernard Durand, L'harmattan, 2020, pp.307-312.

1-Les velléités d'uniformisation du droit

31. Comme le gouverneur des colonies, le nouveau pouvoir africain (sur ce point, tous les pays d'Afrique noire sont concernés) inspiré par les juristes européens ou anciens administrateurs des colonies ne se préoccupa que d'installer un État centralisé, unitaire et fort[210]. Ainsi, la suppression de la dualité de la réglementation en matière d'état civil (a) de même que pour ce qui est de la justice (b) faisait partie des plans du législateur sénégalais. Relevons en outre que un an après les indépendances, il a été créé au Sénégal, par Décret, plus précisément le 12 avril 1961, une commission de codification du droit des personnes et du droit des obligations dans le but d'assurer l'unité de législation sur le territoire[211].

a-La création d'un état civil unique

32. Lorsque le Sénégal a eu son indépendance, il a été constaté l'existence d'une dualité de la réglementation en matière d'état civil laquelle a été héritée de la période coloniale[212]. Cette situation obligeait les officiers d'état civil à tenir plusieurs registres pour enregistrer les actes. Désormais, avec la loi n°61-53 du 23 juin 1961 tendant à la

---

[210]NDOYE Doudou, « Droit des peuples et codification. Quelques exemples au Sénégal », *in* La codification et l'évolution du droit, RJPIC, 1985, n°3 et 4, p.442.

[211] KAMARA Fatou Kiné, « Le code de la famille du Sénégal ou de l'utilisation de la religion comme alibi à la légalisation de l'inégalité de genre », Nouvelles Annales Africaines, 2008, n°2, p.163.

[212] Durant la colonisation, le colonisateur avait créé au Sénégal et ses dépendances, un était civil propre aux indigènes ; V. FOFANA Mamadou Lamine, « L'État civil au Sénégal et en Côte d'Ivoire (1e partie), RSD, n°34, Juillet-Août-Septembre, 1984, pp.8-64 ; NDIAYE Cheikhou Ahmed Tidjane, « L'établissement de l'état civil dans les colonies françaises : une approche jurisprudentielle », Annales Africaines, 2015, Volume 2, n°3, pp.93-115.

création d'état civil unique, toutes les naissances, tous les mariages et tous les décès seront inscrits sur les registres de l'état civil[213]. Cette loi a été abrogée par le Code de la famille[214]. Au Cameroun, c'est huit ans après les indépendances qu'une loi relative à l'état civil a été adoptée[215]. L'état d'une personne, son « STATUS » du droit romain peut être défini comme l'ensemble des éléments qui caractérisent en droit sa situation juridique par rapport aux deux groupements sociaux essentiels dont elle fait partie » - à savoir la Nation ou « STATUS CIVITATIS » et la famille « STATUS FAMILIAE »[216]. Ces éléments peuvent être physiques (sexe, âge), des éléments familiaux (marié, célibataire, parenté, alliance), et enfin politique (nationalité)[217]. Aux termes de l'article 29 du Code de la famille, l'état des personnes ne peut être établi et prouvé que par les actes d'état civil. Cette règle comporte néanmoins quelques exceptions dans la mesure où le mariage notamment tardif peut être prouvé par titre ou témoignage si l'on s'en

---

[213] Article 1er. Cette loi a été adoptée bien après la loi n°61-10 du 7 mars 1961 déterminant la nationalité sénégalaise (JORS, 1961, p.351, erratum, p.1094) et qui, de l'avis de Pierre GULPHE est incontestablement le premier texte important de droit privé, promulgué après la proclamation de son indépendance. GULPHE Pierre, « Le certificat de nationalité sénégalaise », Bulletin de l'Institut international de droit d'expression française, 1971, n°17, p.180.

[214] Article 830 du Code de la famille.

[215] Loi n°68/LF/2 du 11 juillet 1968 de l'Assemblée Nationale Fédérale, JORFC 1968, suppl.n°2. V. MBAPPE MBELLA, « A propos de deux lois sur le mariage au Cameroun », PENANT, 1970, n°730, pp.419-440

[216] FOFANA Mamadou Lamine, *op.cit.*, p.9.

[217] FOFANA Mamadou Lamine, *Ibid*

tient à l'article 87 du Code de la famille[218] ou la possession d'état[219].

b-La justice

33. Du point de vue de l'administration de la justice, la principale question qui semble se poser aux nations africaines est de savoir quelle place il conviendra de donner aux juridictions coutumières[220].La justice de droit traditionnel doit-elle être rendue par les mêmes tribunaux que la justice de droit moderne ou par des tribunaux différents ?[221] Le Sénégal a opté pour le premier choix. Ainsi, aux termes de l'article 1er de l'ordonnance du 14 novembre 1960 sur l'organisation judiciaire, les tribunaux « connaissent, quel que soit le statut des justiciables, de toutes les affaires civiles, commerciales et pénales ». Toujours au Sénégal, l'ordonnance n°60-56 du 14 novembre 1960 fixant l'organisation judiciaire[222] a supprimé non seulement les

---

[218] NIANG Laity, « La preuve du mariage en droit sénégalais », *in* La preuve devant le juge, RJPIC, n°1 et 2, 1985, p.245.

[219] Article 98 du Code de la famille. V. Aussi l'article 833 du même Code. Seulement, la possession d'état précarise la situation des époux au regard du contenu de l'article 137. Celle-ci est définie à l'article 198, concernant la preuve de la filiation.

[220] TUNC André, « Les aspects juridiques du développement économique », *in* Les aspects juridiques du développement économique, Études préparées à la requête de l'Unesco, Dalloz, 1966, p.21 ; *Adde* JEOL Michel, *La réforme de la justice en Afrique Noire*, préface DECOTTIGNIES, PEDONE, 1963, 183 pages ; BADJI Mamadou, « L'idée de codification dans la construction du droit coutumier en Afrique occidentale française au XXe siècle », *in* La Codification juridique dans les pays francophones, Droit sénégalais, n°7, 2008, spécialement p.105 et s.

[221] LAMPUE Pierre, « La coutume et le statut de la justice, La justice civile dans les États d'Afrique francophone et à Madagascar », RJPIC, n°1, Janvier-Mars 1966, p.168.

[222] Elle a été abrogée par la loi n°84-19 du 2 février 1984 fixant l'organisation judiciaire (article 15).

juridictions coutumières, mais a également intégré les cadis dans les tribunaux modernes à savoir les juges de paix. La compétence du Cadi est limitée aux questions visées par l'article 10 de l'ordonnance de 1960 lorsque ces affaires concernent « les citoyens de coutume musulmane »[223]. L'article 10 de l'ordonnance précitée dispose que sont régis par la coutume, les citoyens ayant conservé leur statut traditionnel en ce qui concerne l'état, la capacité des personnes, la famille, le mariage, le divorce, la filiation, les successions, donations et testaments.... L'objectif visé à travers la suppression des juridictions coutumières était d'éviter d'avoir, comme à l'époque coloniale, deux catégories de citoyens. C'est pourquoi, lors de l'installation, en 1966, le Ministre de la Justice d'alors a dit ceci : « Il n'existe pas d'État solide qui ne recouvre une Nation dotée d'un seul et même statut. Nous sommes actuellement en présence d'un statut moderne et d'une foule de statuts particuliers qu'on peut regrouper en trois catégories : les statuts islamisés, les statuts animistes, le statut chrétien qui se confond pratiquement avec le statut moderne qui régit, non pas exclusivement, mais la quasi-totalité des chrétiens. Une codification ne prend tout son sens que si elle aboutit à leur unification. L'unicité du statut des personnes ne sera atteinte que si l'on se réfère plutôt à la philosophie du droit coutumier qu'à telle ou telle règle, celle-ci serait-elle reconnue de façon certaine et pratiquée effectivement par la majorité des populations. Par-dessus la lettre ou plus exactement les lettres en l'occurrence, bornons-nous à respecter l'esprit. En cas d'uniformité des dispositions coutumières, le statut unique

[223] LAMPUE Pierre, « La coutume et le statut de la justice », *op.cit.*, p.176.

héritera presque automatiquement. J'introduis une réserve car la défense des valeurs traditionnelles ne saurait être une fin en soi et il parait souhaitable de se débarrasser du boulet des habitudes anachroniques ou mal adaptées à notre politique de développement socio-économique »[224]. Ce n'est pas pour dire que des droits n'avaient pas été reconnus aux citoyens ayant conservé leur statut traditionnel et qui de ce fait sont régis par la coutume. Ainsi, ceux-ci sont saufs concernant la capacité à contracter, l'action en justice, l'état des personnes, la famille, le mariage, le divorce, la filiation, les successions, donations, testaments, la propriété ou possession immobilière et les droits qui en découlent. Il serait néanmoins illusoire de penser à un déploiement exhaustif du potentiel des droits coutumiers d'autant que même si les juridictions appliquent la coutume des parties, c'est « sous réserve tant des dispositions impératives qui peuvent être édictées à leur sujet par la loi que du respect des règles fondamentales touchant à l'ordre public et la liberté des personnes ». Cette réserve est symptomatique de la supériorité de la loi à la coutume ; laquelle se traduisait également par la possibilité de renoncer au statut traditionnel[225] ainsi que la suppression des juridictions coutumières autres que celles des Cadis[226]. Et pourtant, la très grande valeur humaine et technique de la justice rendue par

---

[224] Alioune Badara M'Bengue, cité par LAM Cheikh Tidiane, *La modernisation de la justice au Sénégal : Vers la recherche de la performance*, L'harmattan, 2019, p.10.

[225] Article 16 de l'ordonnance n°60-56 MJ fixant l'organisation judiciaire dans la République du Sénégal ainsi que les principes fondamentaux applicables aux litiges de droit privé.

[226] Article 21 de l'ordonnance n°60-56 fixant l'organisation judiciaire dans la République du Sénégal ainsi que les principes fondamentaux applicables aux litiges de droit privé.

les juges coutumiers a été soulignée[227], la proximité de ceux-ci avec les justiciables, la souplesse des jugements rendus, le caractère apaisant de ceux-ci[228]. Ces avantages de la justice traditionnelle ont certainement convaincu le pouvoir constituant ivoirien qui, dans sa Constitution a octroyé des pouvoirs à la chefferie traditionnelle (elle est composée de la chambre nationale des rois et des chefs traditionnels) en matière de règlement non juridictionnel des conflits dans les villages et entre communautés[229]. Dans tous les cas, les us et les coutumes doivent être mis en harmonie avec « les principes fondamentaux de la Constitution »[230], même s'ils sont valorisés par la chefferie traditionnelle[231].

34. L'adoption au Sénégal du Code de la famille a opéré des changements dans l'ordonnancement juridique et suscité pas mal d'interrogations. Au chapitre des changements, faisons remarquer que les articles 10, 11, 14 et 20 de l'ordonnance n°60-56 ont été abrogés[232]. Cette abrogation notamment de l'article 14 interroge sur la désormais possible identification des coutumes en vigueur au Sénégal ainsi que sur la légalité de l'arrêté ministériel n°2591 M.J.-A.C.S en

---

[227] GLUCKMAN, *The judicial process among the Barotse of Northern Rodesia* cité par TUNC André, « Les aspects juridiques du développement économique », *op.cit.*, p.21.

[228] TUNC André, « Les aspects juridiques du développement économique », *op.cit.*, p.21.

[229] Article 175 de la Loi 2016-886 du 08 novembre 2016 portant Constitution de la République de Côte d'Ivoire, telle que modifiée par la loi constitutionnelle n° 2020-348 du 19 mars 2020.

[230] Article 101 nouveau de la Constitution.

[231] Article 175 de la Constitution.

[232] Article 830 du Code de la famille.

date du 28 février 1961[233]. Pour rappel, par ordonnance n°60-046 A.N.S du 7 septembre 1960, l'Assemblée nationale avait autorisé le Gouvernement sénégalais pendant un délai de 3 mois à compter de la publication de cette loi à prendre, par voie d'ordonnance, des mesures qui sont normalement du domaine de la loi (J.O.R.S du 17 septembre 1960, p.958). C'est ce qui a justifié l'adoption de l'ordonnance n°60-56 MJ fixant l'organisation judiciaire dans la République du Sénégal ainsi que les principes fondamentaux applicables aux litiges de droit privé qui en son article 14 disposait que : « la liste des coutumes applicables est fixée par arrêté conjoint du Garde des Sceaux, Ministre de la Justice et du Ministre de l'Intérieur ».

C'est ainsi que par arrêté ministériel n°2591 M.J.-A.C.S. en date du 28 février 1961, la liste des coutumes applicables au Sénégal a été fixée[234].

L'autre objectif visé par le législateur africain, au-delà de l'uniformisation est le développement économique.

2-La recherche du développement économique

35. Étant donné qu'au Sénégal et dans la plupart des États africains, l'aspect économique du développement a pris le dessus sur celui social[235], nous commencerons nos

---

[233] J.O.R.S, 18 mars 1961. Dans un jugement en date du 17 avril 1971, le Tribunal de Dakar avait décidé que la coutume dogon islamisée ne figurant pas dans l'arrêté du 28 février 1961 fixant la liste des coutumes applicables sur le territoire de la République du Sénégal, l'acte de mariage doit être annulé purement et simplement (Tribunal de Dakar, 17 avril 1971, note Pierre DECHEUX, PENANT 1972, pp.85-94).

[234] J.O.R.S, 18 mars 1961, p.359.

[235] LE ROY Etienne, « Droit et développement en Afrique noire francophone après dix années d'indépendance politique », RSD, 1971, n°9,

développements par les réformes ayant un aspect patrimonial (a) d'abord, ensuite les réformes ayant un aspect extrapatrimonial (b). Qu'est-ce que le développement ? Même s'il est un tout, il convient de préciser qu'en Afrique, lors des indépendances, les impératifs de développement se situent avant tout, sur le plan économique[236]. Dans tous les cas, la conséquence de ces impératifs de développement[237] demeure la relégation au second plan de la coutume. C'est ainsi que René David a dit que : « il m'est apparu comme eux que cette coutume ne méritait pas le respect ; elle est la cause du niveau extrêmement bas où est restée la société africaine ; elle est la cause du sous-développement sous toutes ses formes ; c'est par ses résultats qu'il faut la juger, et c'est par eux qu'elle mérite d'être condamnée. Il ne pouvait être question en Éthiopie d'élaborer un droit sur la base des coutumes ; le droit devait aider, bien au contraire, à reléguer

---

p.64 ; Du même auteur « Réflexions sur une interprétation anthropologique du droit africain : le laboratoire d'anthropologie juridique », RJPIC, 1972, n°3, pp.427-448.

236 JACQUET Jean-Michel, « Code de la famille du Sénégal et développement », Annales de l'Université des sciences sociales de Toulouse, Tome XL, 1992, p.181.

237 Selon Roger DECOTTIGNIES : « A vrai dire, la route n'est pas difficile à tracer. Car, la croissance économique est un impératif auquel nul législateur de la nouvelle Afrique ne peut échapper, s'il entend assumer la subsistance de son peuple. C'est cette voie que choisit le Sénégal dans son Code. On remarquera d'ailleurs que le Sénégal a entrepris la refonte du Code civil en s'attaquant d'abord à la matière des contrats et obligations, qui intéresse plus que toute autre la vie économique du pays » ; DECOTTIGNIES Roger « Réflexions sur le projet de code sénégalais des obligations », Annales Africaines, 1962, n°1, Colloque des Facultés de droit de mai 1962, *Développement économique et évolution juridique*, p.172 ; *Adde* BOUREL Pierre, « La formation du contrat en droit sénégalais, Réflexions sur la modernité du Code des obligations civiles et commerciales », RSD, 1969, n°6, p.36.

ces coutumes dans le passé. Ce n'est pas d'une évolution que le pays a besoin ; c'est d'une révolution »[238]. A sa suite, nous pouvons citer Roger DECOTTIGNIES pour qui l'Afrique ne pouvait pas croire en la coutume parce que le droit coutumier était inconsistant et on peut même soutenir qu'il n'existait pas[239]. Ainsi, après avoir hésité quelque temps, l'Afrique semble avoir choisi. Elle a perdu la foi en la coutume pour se convertir à la loi[240].

36. Un autre élément symptomatique des velléités de suppression des « droits coutumiers traditionnels », demeure la modification de l'article 12[241] de la Constitution du 26 août 1960 par la loi n°63-22 du 7 mars 1963 portant révision de la Constitution de la République du Sénégal. Désormais, seule la propriété, au sens Napoléonien du terme se trouve protégée.

37. Dans tous les cas, il y a eu une discussion autour de l'orientation du droit du développement en Afrique francophone. Pour Pierre Bourel, le législateur sénégalais n'a pas tenu en compte la volonté du gouvernement de s'engager dans les voies africaines du socialisme[242]. Par contre pour

---

[238] DAVID René, « La refonte du Code civil dans les États africains », Annales Africaines, 1962, p.161.
[239] DECOTTIGNIES Roger, « Prière à Thémis pour l'Afrique », RSD, 1967, n°1, p.7.
[240] DECOTTIGNIES Roger, *Ibid.*
[241] Cette disposition garantit tant la propriété individuelle que collective. Pour Bernard Moleur, l'article 12 de la Constitution du 26 août 1960 et du 7 mars 1963 respecte-t-il la tradition négro-africaine ? Répondre à cette question suppose déterminer d'abord les contours de la « tradition négro-africaine ». Or, selon l'auteur le pari de la clarification de ce concept est loin d'être gagné. V. MOLEUR Bernard, *op.cit.*, p.13.
[242] BOUREL Pierre, *op.cit.*, p.36.

Etienne Le ROY, les textes nouveaux sont incompréhensibles pour la population et servent, outre les intérêts des résidents étrangers, ceux d'une petite minorité d'urbanisés et de fonctionnaires au détriment de la grande masse des populations vivant de l'agriculture[243]. L'auteur doute donc de la capacité du droit légiféré à atteindre les objectifs de développement[244].

Un autre auteur enfin dirige sa réflexion sur le droit du développement dans trois axes : aliénation-réception-authenticité[245]. Pourtant, à croire le juge Kéba Mbaye, le premier mouvement de codification en Afrique va vers le maintien des coutumes[246].

---

[243] LE ROY Etienne, « Droit et développement en Afrique noire francophone après dix années d'indépendance politique », RSD, 1971, pp.65-66.

[244] LE ROY Etienne, « Le Code civil au Sénégal ou le vertige d'Icare, *in La réception des systèmes juridiques : implantation et destin*, sous la direction de M. DOUCET et de J. VANDERLINDEN, Bruylant, 1994, pp.311 et s. Selon Etienne le Roy, le code ne serait pas le soleil devant éclairer ces lendemains qui chantent mais celui qui brûle les ailes des naïfs ayant cru en son pouvoir d'assurer un développement politique et économique. *Adde* CABRILLAC Rémy, *Les codifications*, PUF, 2002, p.296 : « ces codes dont le contenu diffère fondamentalement du droit coutumier alors en vigueur dans les pays concernés souvent méprisés par les codificateurs occidentaux, n'ont guère de succès ».

[245] SCHAEFFER Eugène, « Aliénation-réception-authenticité », PENANT, 1974, pp.311 et s. Cet auteur distingue le « développement du droit » du « droit au développement ».

[246] M'BAYE Kéba, « Droit et développement en Afrique francophone de l'Ouest », *op.cit.*, p.146. L'auteur cite Isaac FOSTER et Gabriel d'Arboussier qui, respectivement ont soutenu que : « nous gardons notre foi intacte en la coutume que nous plaçons sur un pied d'égalité avec les lois de notre Droit moderne. Nous reconnaissons seulement qu'elle est difficile à saisir et à codifier », et : « la codification entreprise a pour but de reconnaitre les règles du droit commun coutumier… Elle tendra à constater

a-Les réformes ayant un aspect patrimonial

38. Les textes ayant un aspect patrimonial portent sur la matière contractuelle (a-1), le droit foncier (a-2), la loi n°67-04 du 24 février 1967 tendant à réprimer les dépenses excessives à l'occasion des cérémonies familiales (a-3) et la matière successorale (a-4).

a-1 Le droit des contrats

39. C'est un secteur incontestablement ouvert au droit moderne au même titre que le droit des sociétés, le droit maritime, des transports en général, le droit des assurances, les droits de propriété incorporelle et quelques autres[247]. Le droit des contrats a fait l'unanimité, mis à part un auteur[248], relativement au fait qu'il a très tôt échappé à l'emprise de la coutume[249].

La spécificité ou particularité du droit sénégalais des contrats n'a pas manqué d'être mise en exergue par certains auteurs. Il s'agit d'un droit n'ayant subi aucune idéologie politique, fidèle aux principes traditionnels du Code civil de

---

et à promouvoir l'évolution ébauchée, mais, en aucun cas, à opérer une brutale révolution dans les mœurs ».

247 SCHAEFFER Eugène, « Aliénation-réception-authenticité-Réflexions sur le droit du développement », PENANT, 1974, n°745, juillet-Août-septembre, pp.326-327.

248 MELONE Stanislas, « Les résistances du droit traditionnel au droit moderne des obligations », RSD, 1977, n°21, Colloque de Dakar, 5-9 juillet 1977, pp.45-57.

249 TUNC André, *op.cit.*, p.14. Pour l'auteur : « il est certain que le droit traditionnel est radicalement insuffisant pour régir les opérations commerciales modernes ». *Adde* M'BAYE Kéba, « Droit et développement en Afrique francophone de l'Ouest », *op.cit.*, p.125 : « (…) s'agissant des droits patrimoniaux, et plus particulièrement du droit des obligations, très tôt ils ont échappé, pour une large part, à l'emprise de la coutume ».

1804, mais ignorant tout des évolutions perceptibles en droit français des contrats spéciaux (contrat de travail, d'assurance, de transport, vente, baux d'immeubles)[250] telles que la correction des conséquences logiques de l'autonomie de la volonté, l'endiguement des abus engendrés par la liberté contractuelle. Depuis l'ordonnance du 10 février 2016, la parenté axiologique entre le droit sénégalais des contrats et celui français semble se distendre, ce dernier droit s'étant inspiré des principes UNIDROIT et étant plus tourné vers la recherche d'attractivité économique, l'ordre public économique, social et non exclusivement concentré sur la morale individuelle comme le prescrivait l'article 6 du Code civil, pendant de l'article 42 du Code des obligations civiles et commerciales, consacre les contrats d'adhésion.

Plusieurs contrats coutumiers n'ont pas été repris par le législateur sénégalais lors de l'adoption du COCC. À titre d'exemple nous pouvons citer les contrats de « navétanes », travailleurs saisonniers qui viennent pendant l'hivernage dans les terroirs comme celui du Sénégal[251].

a-2. Le droit foncier

40. Le législateur sénégalais a édicté plusieurs textes en matière foncière. C'est parce que l'économie africaine, a été et est toujours une économie essentiellement agricole. Il est

---

[250] BOUREL Pierre, *op.cit.*, p.36 et 44 ; *Adde* M'BAYE Kéba, « Droit et développement en Afrique francophone de l'Ouest », *op.cit.*, p.148 pour qui il y a la simplification, unification, sécurité (astreinte, rejet de la lésion, retard du transfert de propriété jusqu'à la délivrance) et efficacité ; *Adde* DECOTTIGNIES Roger, « Réflexions sur le projet de Code sénégalais des obligations », Annales Africaines, 1962, *op.cit.*, p.173-174.

[251] KIRSCH Martin, « Le droit du travail et la coutume », RJPIC, n°1, 1966, p.150.

vraisemblable qu'elle le restera très longtemps ; peut-être même le sera-t-elle toujours[252]. Ainsi, les textes les plus en vue sont la loi sur le domaine national[253], la loi portant Code du domaine de l'État[254], la loi sur l'expropriation pour cause d'utilité publique[255]. La propriété privée quant à elle était consacrée par le décret de 1932 applicable au Sénégal jusqu'en 2011, année d'adoption de la loi n°2011 portant réforme de la propriété foncière. D'autres textes relatifs à la matière foncière pourraient être cités[256]. Il ne faudrait cependant pas oublier le Décret n°72-1288 du 27 octobre 1972 relatif aux conditions d'affectation et de désaffectation des terres du domaine national modifié par le Décret n°2022-2307 du 30 décembre 2022. Vu que nous mettons l'accent sur la loi sur le domaine national, il conviendra de relever que c'est une loi de compromis[257], qui reflète le tréfonds des

---

[252] TUNC André, « Les aspects juridiques du développement économique », *in* Les aspects juridiques du développement économique, Dalloz, 1966, p.8.

[253] Loi n°64-46 du 17 juin 1964 relative au domaine national. Trois objectifs de cette loi ont été relevés par Mamadou M. NIANG : unification d'un système complexe (droit traditionnel, droit colonial et droit musulman), mise en valeur des terres pour atteindre un développement rural intégré ou objectif économique, responsabilisation des communautés de base favorisée par la politique de déconcentration et de décentralisation ou objectif politique. NIANG Mamadou M, « Réflexions sur la réforme foncière de 1964 », *in* LE ROY et *alii*, *Les enjeux fonciers en Afrique noire*, ORSTOM, KARTHALA, 1982, pp.220-221.

[254] Loi n°76-66 du 2 juillet 1976.

[255] Loi n°76-67 du 2 juillet 1976.

[256] Loi 2015 sur les *Tound* V. SECK Papa Ogo, « Le *tound* au Sénégal : entre pratiques culturelles et droit foncier moderne », *in* Actes du Colloque de l'UFR Sciences Juridiques et Politiques de l'Université Gaston Berger de Saint-Louis des 15 et 16 décembre 2011, L'harmattan, 2013, pp.59-84.

[257] Kéba M'Baye a écrit ceci : « Il faut trouver une politique foncière et agraire qui tienne compte des croyances et des coutumes pour être appliquée, tout en permettant des transactions faciles mais sûres, sur des

structures socio-économiques du peuple sénégalais[258] et traduit la conception socialiste de l'Afrique noire[259]. Pour les nouvelles autorités, la terre appartient à qui sait la mettre en valeur ; elle appartient à la Nation. Il faut dire que l'État n'est certes pas propriétaire des terres du domaine national, mais il en est le détenteur en vue « d'assurer leur utilisation et leur mise en valeur rationnelle, conformément aux plans de développement et aux programmes d'aménagement »[260]. En outre, il ne requiert l'immatriculation des terres du domaine national que dans les cas spécifiés par la loi[261]. Le Ministre de l'information d'alors a précisé que l'adoption de la loi du 17 janvier 1964 sur le domaine national[262] est due en partie au revers subi par les régimes fonciers de 1906, 1932 et 1955[263]. Selon Moleur, le premier effet de la promulgation, le 17 juin 1964, de la loi du 1er mai 1964 relative au domaine national est la « suppression des droits coutumiers traditionnels »[264]. Au regard de son importance, cette loi

---

droits certains. Voilà l'écueil où est venu buter obstinément le colonisateur, et que le législateur sénégalais de 1964 a cru avoir triomphalement contourné » ; M'BAYE Kéba, « Le régime des terres au Sénégal », *op.cit.*, p.134.

258 MOLEUR Bernard, *op.cit.*, p.19.

259 HAMON Léo, « La voie africaine du socialisme selon la pensée socialiste sénégalaise », PENANT, n°695, janvier-Février-Mars, 1963 pp.13-30 et PENANT n°696, Avril-Mai, 1963, pp.168 et s

260 Article 2 de la loi n°64-46 du 17 juin 1964.

261 NOBLE Barrie P, *op.cit.*, p.248.

262 DIOP Abdoulaye, « L'évolution de la propriété immobilière au Sénégal », RJPIC, 1970, n°4, p.699.

263 NOBLE Barrie P, « Mémoire sur quelques aspects du régime foncier au Sénégal, en Angleterre et en Gambie », Annales Africaines, 1965, p.247.

264 MOLEUR Bernard, « Traditions et loi relative au domaine national (Sénégal), *Annales Africaines*, 1981, p.12.

suscite toujours l'intérêt de la doctrine[265]. En outre, relevons que le foncier [266]constitue certes une préoccupation des autorités sénégalaises, mais l'absence de Code rural dans un pays agricole peut interpeler. Au-delà de la réglementation des relations d'affaires, le législateur sénégalais a voulu s'attaquer au « gaspillage », aux attitudes « tape-à-l'œil ».

---

[265] DIEYE Abdoulaye, « L'avenir du système foncier sénégalais ? in Actes du colloque de l'UFR des sciences Juridiques et Politiques de l'Université Gaston Berger de Saint-Louis des 15 et 16 décembre 2011, pp.95-114 ; DIEYE Abdoulaye, « La loi sur le domaine national a 44 ans. Mérites et malheurs du législateur de 1964 », Nouvelles Annales Africaines, 2009, n°1, pp.49-91 ; CHABAS Jean, « Le domaine national au Sénégal, réforme foncière et agraire », Annales Africaines, 1965, pp.33-70 ; M'BAYE Mayatta Ndiaye « Le statut juridique des terres non-immatriculées », *in* Le droit africain à la quête de son identité, Mélanges offerts au Professeur Isaac Yankhoba Ndiaye, L'harmattan Sénégal, 2021, pp. 713-756 ; NDIAYE Wakhab Cheikh Abdoul, « La loi sur le domaine national, au-delà des critiques », *in* Le droit africain à la quête de son identité, Mélanges offerts au Professeur Isaac Yankhoba Ndiaye, L'harmattan Sénégal, 2021, pp.787-814.

[266] Il conviendra de relever avec Etienne Le ROY l'impossibilité d'avoir une définition exhaustive et unitaire du vocable « foncier ». En effet, ce substantif et qualificatif est appréhendé différemment en fonction de sa spécialité : juriste, sociologue, économiste, géographe. LE ROY Etienne, Introduction à la première partie intitulée « Critiquer et dépasser une image caricaturale de l'Afrique noire précoloniale », *in Les enjeux fonciers en Afrique noire, op.cit.*, p.11 ; V. Également, HESSELING Gerti, *Le droit foncier au Sénégal, L'impact de la réforme en Basse-Casamance*, Rapport de recherche, African Studies Centre, 1983, p.7. Le foncier est : « l'expression contradictoire des rapports entre des pratiques sociales s'inscrivant dans l'espace en vue de l'affecter et de se l'approprier ou de le dominer ».

a-3-La loi n°67-04 du 24 février 1967 tendant à réprimer les dépenses excessives à l'occasion des cérémonies familiales

41. Le législateur sénégalais a voulu imposer aux familles la même politique d'austérité observée par l'État[267]. C'est ce qui a justifié l'adoption de la loi sur les dépenses excessives. Cette loi fixe la dot à trois mille francs et l'ensemble des dépenses concernant les frais du cérémonial ne doivent pas dépasser quinze mille francs[268]. Son style rédactionnel a été critiqué (absence d'exposé des motifs) de même que son contenu large et son caractère répressif[269]. Que dire alors de l'application de ladite loi ? Le Professeur Isaac Yankhoba Ndiaye répond à la question en ces termes : « depuis bientôt trente (30) ans, elle n'est guère appliquée ».[270] Il ne semble pas, au regard du montant de la dot offerte aux futures mariées surtout lorsqu'elles sont célèbres et dévoilé par la presse *people* au Sénégal que depuis l'article du Professeur, les choses aient réellement évolué dans le sens de l'application de cette loi. Dans tous les cas, au regard de son importance, on aurait pu s'attendre à ce que, dans un exposé des motifs, le législateur exposât les raisons de son adoption. La pédagogie était à ce prix ! Jacqueline COSTA a mis en relief les raisons de l'adoption de cette loi de façon assez maladroite en ces

---

[267] C'est ainsi que pour le Ministre de l'information d'alors : « La politique d'austérité adoptée pour le train de vie de l'État devait également être suivie par les familles pour permettre à celles-ci d'utiliser à des fins plus impérieuses et plus utiles les mesures dont elles peuvent disposer » (RSD, 1972, n°11, p.73 ; PENANT, 1974, p.308).
[268] NIANG Mamadou, « L'évolution de la dot au Sénégal, *op.cit.*, p.308
[269] NDIAYE Isaac Yankhoba, « L'art de mal légiférer (Propos irrévérencieux sur certains textes de lois) », Revue de l'association sénégalaise de droit pénal, n°2, Juillet-Décembre 1995, p.53.
[270] N'DIAYE Isaac Yankhoba, *Ibid.*

termes : « Dans les sociétés traditionnelles, le goût de la richesse ostentatoire et le désir de paraître conduisent à des dépenses somptueuses. Cette mentalité se manifeste notamment à l'occasion des cérémonies qui ponctuent la vie familiale. Or, la famille étendue est fréquemment sollicitée pour ce genre de réjouissances collectives, même si le revenu brut annuel par habitant, dans la majorité des États africains, est l'un des plus faibles au monde. Pour effectuer de telles dépenses, qui font partie de la reconnaissance sociale du groupe et de l'individu, pour acheter des biens de consommation très onéreux, beaucoup d'Africains s'endettent et certains n'hésitent pas à se procurer des fonds ou du crédit par des procédés irréguliers, tels que les chèques sans provisions et l'usure. Les législateurs de l'indépendance sont donc intervenus pour limiter le coût des festivités, voire pour interdire certaines coutumes[271] ». Il est d'abord présomptueux de coller à la société traditionnelle l'étiquette du « goût de la richesse ostentatoire » et le « désir du paraître » comme si la société qui se veut et dit « moderne » était plus économe ou n'avait pas les mêmes aspirations. Ensuite, s'il est vrai que l'endettement du fonctionnaire ou de tout membre de la société est bien réel pour faire face aux nombreuses dépenses avancées lors des cérémonies, il ne faudrait pas perdre de vue le fait que la richesse de l'Africain n'est pas que pécuniaire. Elle s'évalue également en terres, en bétail. Or, il n'est pas rare de voir, lors des grandes

---

[271] COSTA-LASCOUX Jacqueline, « La lutte contre les comportements antiéconomiques », *in* Encyclopédie juridique de l'Afrique, Les Nouvelles Éditions Africaines, 1982, pp.138-139 ; COSTA Jacqueline, « Quelques aspects nouveaux du droit des pays africains d'expression française », PENANT, 1967, n°716, pp.167-189.

cérémonies plusieurs vaches, élevées depuis des années, immolées non pour « paraître », ou faire « étalage de richesses », mais pour démontrer sa dignité d'homme ou pour participer à l'accueil d'hôtes venus de très loin communier aux festivités. C'est dire que la thèse de l'endettement est contingente. Heureusement, que l'auteur se rattrape plus loin car selon lui, aller au-delà de l'élimination des aberrations économiques et monétaires des pratiques coutumières, c'est porter considérablement atteinte aux justifications traditionnelles des coutumes[272]. Toujours selon l'auteur, limiter à un niveau purement marchand les dépenses, n'est-ce pas avouer le peu de considération accordée aux fondements philosophiques, religieux ou éthiques des institutions coutumières ?[273].

Dans tous les cas, la position de l'auteur précité justifie à suffisance la nécessité pour les juristes, de s'inspirer de la démarche des sociologues du droit[274].

a-4-La matière successorale

42. Avec les régimes matrimoniaux et les libéralités, les successions forment le droit patrimonial de la famille. Le régime successoral sénégalais présente la particularité de ne

---

[272] COSTA-LASCOUX Jacqueline, *Ibid* ; Du même auteur « La nouvelle famille africaine dans les droits de l'indépendance. Essai de sociologie normative », L'année sociologique, vol.22, 1971, p.153 et s.

[273] COSTA-LASCOUX Jacqueline, *op.cit.*, p.140.

[274] Cette méthode comporte des principes (objectivité, impartialité, matérialité, méthode historico-comparative), consiste en une recherche sur documents, des faits (observation, expérimentation). V. CARBONNIER Jean, *Sociologie juridique*, Presses universitaires de France, 1978, pp.247 et s.

pas être uniforme[275] en raison d'un donnée à savoir le fait que la majorité de la population sénégalaise soit de confession musulmane. Tenant compte de cette réalité, il a institué une option en matière successorale. Ainsi, aux termes de l'article 571 du Code de la famille : « Les dispositions du présent titre s'appliquent aux successions des personnes qui, de leur vivant, ont, expressément ou par leur comportement, indiscutablement manifesté leur volonté de voir leur héritage dévolu selon les règles du droit musulman ». C'est à la jurisprudence que sera laissé le soin d'interpréter la volonté présumée des parties dans chaque cas[276]. Les successions de droit musulman sont une reprise des règles intangibles de la Sourate IV (les femmes) versets 12 à 18 du Coran[277]. Elles consacrent deux ordres d'héritiers que sont les héritiers légitimaires et les héritiers universels ou *aceb*. Cette dévolution simultanée de la succession à deux ordres d'héritiers caractérise le droit musulman[278]. L'héritier

---

[275] Cette absence d'unification remettait en cause la volonté du législateur sénégalais de faire évoluer la société traditionnelle sénégalaise vers une organisation propre à contribuer au développement économique. Au-delà, il y a le strict respect des principes édictés par la Constitution à savoir la laïcité et l'égalité de tous devant la loi. Cependant nous ne pensons pas que le défaut d'uniformisation s'inscrit forcément en droite ligne du respect de toutes les croyances (V. MATHURIN Abdoulaye Diop, « La dévolution successorale musulmane : détermination des héritiers dans le Code sénégalais de la famille », RJPIC, 1972, n°4, p.800, p.801) ce d'autant que les successions coutumières n'ont jamais été codifiées par les nouvelles autorités sénégalaises.

[276] MATHURIN Abdoulaye Diop, « La dévolution successorale musulmane : détermination des héritiers dans le Code sénégalais de la famille », RJPIC, 1972, n°4, p.799.

[277] Néanmoins, on a pu remarquer quelques amendements puisés dans les coutumes locales islamisées (V. MATHURIN Abdoulaye Diop, *op.cit.*, p.801).

[278] MATHURIN Abdoulaye Diop, *op.cit.*, p.803.

légitimaire est (article 573 CF). Quant à l'héritier universel ou *aceb* (576 CF). Les successions de droit musulman présentent la particularité de ne porter que sur les biens restants, une fois que l'actif et le passif de la succession sont payés[279].

43. Convenons que le législateur sénégalais n'a pas codifié les successions de droit traditionnel en ce sens que la loi successorale ne concerne que les biens du défunt[280]. De même, si le législateur sénégalais a voulu instaurer une égalité en matière successorale, celle-ci est loin d'être atteinte[281], contrairement à ce que pense un auteur[282]. Ainsi, l'inégalité concerne aussi bien la femme que l'enfant naturel. En défaveur de la femme, l'inégalité s'apprécie dans les successions de droit musulman[283] où l'homme reçoit le

---

[279] BOUREL Pierre, *Le droit de la famille au Sénégal, Successions, régimes matrimoniaux, libéralités*, Economica, 1981, collection « la vie du Droit en Afrique », p.13.

[280] ALLIOT Michel, « Le droit des successions dans les États africains francophones », RJPIC, 1972, n°4, p.845.

[281] V. NDIAYE Isaac Yankhoba, « Plaidoyer pour une réforme du Code de la famille (Kéba Mbaye et le droit de la famille), *in* Administrer la justice, transcender les frontières du Droit, Mélanges en l'honneur du juge Kéba Mbaye, Presses de l'Université de Toulouse 1 Capitole, 2018, pp.628-631 ; DIENG Françoise, « Droit patrimonial de la famille et des droits des femmes », *in* Administrer la justice, transcender les frontières du Droit, Mélanges en l'honneur du juge Kéba Mbaye, Presses de l'Université de Toulouse 1 Capitole, 2018, p.639, p.641 pour la discrimination subie par la femme en matière successorale. *Adde* NDIAYE Isaac Yankhoba, « L'envers du droit traditionnel dans le Code de la famille », Revue de l'Association sénégalaise de droit pénal, 1995, **pp.50-52 concernant la situation de l'enfant naturel et de la femme.**

[282] NDIAYE Youssoupha, « La protection du patrimoine culturel africain, la résistance du Droit africain », RSD, 1977, n°21, pp.141 et s

[283] En droit commun des successions, la femme, en tant qu'elle est concernée par le vocable « conjoint » est successible et ce, en présence ou en l'absence de descendants légitimes ou de parents légitimes du *de cujus*.

double de la femme. Cette situation à faire dire au Doyen Isaac Yankhoba Ndiaye que l'une des particularités du droit musulman est de heurter de front l'évolution contemporaine vers l'égalité entre les hommes et les femmes : le privilège de masculinité[284].

Concernant l'enfant naturel, la précarité de sa situation demeure visible tant dans les successions de droit commun que celles de droit musulman. En effet, en droit commun des successions, certes le législateur a tenté de mettre sur le même pied l'enfant naturel et l'enfant légitime, mais il n'a pas réussi ce pari d'autant que pour succéder, un enfant naturel doit être reconnu par son père ou sa mère et sa filiation doit être établie à l'égard de sa mère. En outre, en présence d'un enfant naturel adultérin, son père doit obtenir le consentement de son ou ses épouses. À défaut de celui-ci ou ceux-ci, et pour ne pas faire subir à l'enfant naturel l'inconduite de son père[285], il aura droit à la moitié de la part d'un enfant légitime. Cette situation concerne également l'enfant naturel incestueux[286].

Dans les successions de droit musulman, relevons que la situation de l'enfant naturel a d'abord été évoquée à l'article 220 du Code de la famille avant d'être confirmée à l'article

---

[284] NDIAYE Isaac Yankhoba, « L'art de mal légiférer (Propos irrévérencieux sur certains textes de lois) », Revue de l'Association sénégalaise de droit pénal, 1995, p.56.

[285] Le Doyen Isaac Yankhoba Ndiaye parlait de « responsabilité de l'enfant du fait de son père que consacre l'article 534 du Code de la famille » ; NDIAYE Isaac Yankhoba, « L'art de mal légiférer », *op.cit.*, p.55. Du même auteur « L'envers du droit traditionnel dans le code de la famille », *op.cit.*, p.51.

[286] Article 535 du Code de la famille. V. NZOUABETH Dieunedort, « L'enfant incestueux en droit sénégalais », Annales Africaines, 2021, n°Spécial, pp.109-136.

642 du même Code où le législateur a décidé que celui-ci n'hérite que de sa mère ou des parents de celle-ci.

Ces différentes inégalités interrogent non seulement sur leur conformité à la Constitution, mais aussi sur le degré de respect par le Sénégal de ses engagements pris au plan international. En effet, ni la Charte africaine des droits de l'homme et des Peuples[287], ni la Convention relative aux Droits de l'Enfant du 20 novembre 1989 ayant toutes, depuis la Constitution du 22 janvier 2001 plusieurs fois modifiée, valeur constitutionnelle encore, moins la Charte Africaine des Droits et du bien-être de l'enfant[288], n'ont opéré une distinction entre l'enfant naturel et légitime. Quant à la Constitution, non seulement son préambule rejette et élimine sous toutes leurs formes (...) les inégalités et les discriminations, mais également elle accorde des droits aux enfants tels que celui d'être élevé par les parents[289], le droit à l'éducation[290], celui d'accéder à l'école[291]. L'inconstitutionnalité des successions de droit musulman a été soulignée par Madame la Professeure Fatou kiné CAMARA. Selon elle, ce régime de succession constitue non

[287] Article 18.
[288] Article 3 qui dispose que l'enfant a le droit de jouir de tous les droits et libertés reconnus et garantis par la Charte sans distinction (...) de naissance. V. Sur cette question NDIAYE Isaac Yankhoba, « Les droits de l'enfant naturel », Résumé de la communication prononcée au Symposium sur le droit de la famille, L'harmonisation du Code de la famille avec les conventions ratifiées par l'État du Sénégal, 29 et 30 juillet 2009, pp.18-19.
[289] Article 20 de la Constitution.
[290] Article 21 de la Constitution.
[291] Article 22 de la Constitution.

seulement une entorse à la laïcité, mais également à l'égalité de genre[292].

44. A lire certains commentaires faits autour des articles 152[293], 153[294], 133[295], 167, *etc* du Code de la famille, on serait tenté de dire que l'inégalité en termes de droits dont est victime la femme dans les successions de droit musulman n'est que la face visible de l'*iceberg*[296]. Sous d'autres cieux, c'est l'exclusion des successibles de certaines personnes qui pourtant, font partie de la famille au sens large, qui pose le

---

[292] CAMARA Fatou Kiné, « Le Code de la famille du Sénégal ou de l'utilisation de la religion comme alibi à la légalisation de l'inégalité de genre, Nouvelles Annales Africaines, n°2, 2008, pp.23-24. Au regard de l'article 21 du Protocole à la Charte Africaine des droits de l'homme et des peuples relatif aux droits de la femme en Afrique qui dispose que tout comme les hommes, les femmes ont le droit d'hériter des biens de leurs parents en parts équitables, on doit donner raison à l'auteure sus-référencée. *Adde* FALL Papa Talla, « La loi successorale en Afrique de l'Ouest francophone : la quadrature du cercle », *in Le droit dans tous ses états*, Palabres Actuelles, n°8, 2018, pp.355-386.

[293] Le mari est le chef de famille.

[294] Le choix de la résidence du ménage appartient au mari.

[295] L'option de polygamie appartient à l'homme.

[296] V.NDIAYE El hadji Samba, « La compétence internationale des juridictions sénégalaises en matière de divorce », Annales Africaines, pp.216-223 ; DIA Dialy, « Les violences légales fondées sur le genre dans le droit de la famille », *in* Famille, genre et société, Revue sénégalaise de droit et de science politique, 2015/2016, n°13, pp.106-112 ; GUEYE Babacar, « Famille, femme et genre dans les constitutions d'Afrique subsaharienne francophone », in Famille, genre et société, Revue sénégalaise de droit et de science politique, 2015/2016, n°13, p.126 ; CAMARA Fatou kiné, « Les lois féminicides ou les restrictions politico-juridiques à l'accès à l'avortement médicalisé », *in* Famille, genre et société, Revue sénégalaise de droit et de science politique, 2015/2016, n°13, pp.47-67 ; Du même auteur, « Brève présentation de la loi sur la parité », RSD, 2011, pp.203-211.

plus de problème, semble-t-il. Ces personnes exclues sont appelées les « catégories marginalisées »[297].

45. La construction normative n'a pas eu uniquement pour domaine que les aspects patrimoniaux des sujets de droit. Les aspects extrapatrimoniaux étaient également sous orbite.

b-Les réformes ayant un aspect extrapatrimonial

46. Les réformes en question sont relatives au droit de la famille (b-1) ainsi qu'aux facultés de droit (b-2).

b-1-Le droit de la famille

47. Le droit de la famille et des personnes, beaucoup plus intime et plus résistant, ne pouvait constituer une préoccupation immédiate du législateur colonial. Il n'était pas directement lié à ses objectifs du moment mais, à terme, il deviendrait un facteur de contestation de l'autorité[298]. La contestation d'autorité du père peut constituer un pan de la crise de la famille africaine sans en être la seule manifestation[299]. Selon certains rapporteurs, c'est dans le droit de la famille que les modifications les plus radicales seraient nécessaires si l'on songe aux impératifs de développement[300]. Et comme le disait le Ministre Sénégalais

---

[297] LEKEBE Daphtone Oumouali, « Les catégories marginalisées des successibles dans les législations africaines noires francophones au XXIe siècle », Palabres actuelles, n°9, 2020, pp.421-434 ; MAKOSSO Anatole Collinet, « La volonté du de cujus en droit congolais des successions », Annales Africaines, 2021, n° Spécial, pp.269-291.

[298] NDOYE Doudou, « Droit des peuples et codification. Quelques exemples au Sénégal », *in* La codification et l'évolution du droit, RJ PIC, 1985, p.442.

[299] V. En Europe, CARBONNIER Jean, *Flexible droit, Pour une sociologie du droit sans rigueur,* L.G.D.J, 2001, 10e édition, 493 pages.

[300] TUNC André, « Les aspects juridiques du développement économique », *op.cit.*, p.10.

de la Justice d'alors : « En installant le comité, j'ai recommandé à ses membres de se placer résolument dans une perspective d'avenir et de ne tenir aucun compte des habitudes archaïques ou incompatibles avec les nécessités du développement[301]. Il faut faire remarquer que le texte portant Code de la famille sénégalais se révèle un élément important dans le processus de transformation des structures traditionnelles anciennes. Jamais la volonté du législateur de créer une famille réceptive au développement n'a été si manifeste[302]. En effet, l'indépendance avait deux ans à peine lorsque sonna le glas de la famille africaine[303]. On estime que la notion de famille étendue[304], la condition de la femme, le système de la dot sont autant de facteurs qui freinent le développement[305]. Pour bien comprendre, il convient de revenir sur quelques règles coutumières que sont l'importance du consentement du représentant à mariage, l'absence d'âge légal pour se marier, la forme orale du mariage, la dot, exigée comme condition de validité, la condition d'infériorité de la femme par rapport à l'homme et la condition des enfants sur qui le père avaient les droits d'un

---

301 NIANG Mamadou, « Structures parentales et stratégie juridique du développement en Afrique noire francophone (étude appliquée aux Wolof du Sénégal », RSD, 1971, n°11, p.76.
302 NIANG Mamadou, *op.cit.,* pp.75-76.
303DECOTTIGNIES Roger, « Requiem pour la famille africaine », Annales Africaines, 1965, p.251.
304 La question de la famille étendue est à mettre en rapport avec la problématique de l'obligation alimentaire. V. TUNC André, *op.cit.*, p.11.
305 NDIAYE Youssoupha, « La protection du patrimoine culturel africain, La résistance du droit africain », RSD, 1977, n°21, Colloque de Dakar, 5-9 juillet, 1977, p.142 ; *Adde* M'BAYE Kéba, « Droit et développement en Afrique francophone de l'Ouest », *op.cit.,* p.149.

vrai propriétaire[306]. L'adoption du Code de la famille a permis d'avoir une autre conception du mariage[307], de la condition de la femme, du sort des enfants et de neutraliser la répudiation pour n'admettre que le divorce judiciaire[308]. En effet, l'évolution de la femme est liée à celle de la société à laquelle elle appartient[309]. C'est pourquoi, le législateur sénégalais a protégé la femme tant sur le plan patrimonial[310] que moral. Désormais, son consentement est requis pour se marier, l'âge du mariage est fixé à plus de 16 ans pour la femme et plus de 18 ans pour l'homme[311]. En outre, on note une égalité entre époux en matière de secours et d'assistance[312], en cas de déchéance de la puissance paternelle et en matière successorale[313].

---

306 M'BAYE Kéba, « Droit et développement en Afrique francophone de l'Ouest », *op.cit.*,pp.128-130 ; *Adde* M'BACKE Mohamadou Moctar, « La femme sénégalaise en droit coutumier, règles traditionnelles et leur évolution », RJPIC, 1970, n°4, pp.770 et s.

307 Article 100 du Code de la famille.

308 Aux termes de l'article 157 du Code de la famille, le divorce est soit constaté, soit prononcé par le juge.

309 M'BACKE Mouhamadou Moctar, « De la protection de la femme et de l'enfant dans le code sénégalais de la famille », RSD, 1973, n°13, p.31. L'un des intérêts de l'article tient à la défense apportée au droit musulman par l'auteur qui, contrairement à certains juristes européens, ne voit pas celui-ci comme un droit « statique, dogmatique, où le rituel et le spirituel se confondent, un droit impropre à la théorisation, basé sur un raisonnement par analogie ». V. p.38 de l'article sus-référencé.

310 La femme a le droit de travailler et les gains résultant de ce travail sont appelés « biens réservés ».

311 Article 111 du Code de la famille.

312 Article 151 du Code de la famille dispose que : « Les époux se doivent soins et assistance réciproques pour la sauvegarde des intérêts moraux et matériels du ménage et des enfants ».

313 Le conjoint du survivant est un héritier au même titre que les héritiers issus de la parenté légitime ou non.

48. Au-delà de l'égalité entre époux, nous avons l'égalité entre les enfants légitimes et naturels en matière successorale et d'obligation alimentaire. Enfin, afin d'assurer la stabilité du lien matrimonial, le législateur prévoit de façon exclusive, les causes de cessation de celui-ci en ces termes : seul le décès et le divorce dissolvent le lien matrimonial[314]. Ainsi, la répudiation est interdite. Quant à la dot[315], tantôt elle est supprimée, tantôt limitée[316] ; le tout dépendant des législations en présence. Il en est de même de la polygamie.

49. De plus, au regard des développements qui précèdent, nous pouvons affirmer que la situation de la famille

---

314 Article 100 du Code de la famille.

315 MANDE-DJAPOU Joseph, « La polygamie et le droit pénal centrafricain », PENANT, 1978, n°759, p.70.

316 Au Sénégal, le montant de la dot est de 3000 francs.

africaine[317] est contingente. Elle est parfois condamnée sans sursis[318], avec sursis[319] ou en liberté surveillée[320].

Au-delà du droit de la famille, discipline concernée par les réformes extrapatrimoniales, nous pouvons citer les facultés de droit.

b-2-Les facultés de droit

50. Sur les bancs de la Faculté les juristes reçoivent une formation générale à base de droit privé et de droit romain[321]. La véracité de ce propos ne doit pas nous faire oublier la

---

[317] V. LE ROY Etienne, « Droit et développement en Afrique noire francophone après dix années d'indépendance politique », RSD, 1971, n°9, p.59 : « si le mariage africain ne remplit pas seulement une « fonction parentale » de création d'une union conjugale doublée d'une alliance entre les groupes, ses autres fonctions (politiques, religieuses, économiques) ne sont pas, à la différence des sociétés occidentales, laissées à la compétence des individus mais déterminées (*a posteriori* puis *a priori* quand les normes nouvelles de conduite sociale s'imposent avec assez de force pour valider ce modèle récent) par le groupe lui-même ».

[318] L'exemple de la Côte d'Ivoire (article 20 de la loi n°64-381 du 7 octobre 1964 régissant les personnes et la famille dispose que : « L'institution de la dot, qui consiste dans le versement au profit de la personne ayant autorité sur la future épouse, par le futur époux ou la personne ayant autorité sur lui, d'avantages matériels conditionnant la réalisation du mariage traditionnel, est immédiatement abolie ». Par la loi n°2019-570 du 26 juin 2019 relative au mariage, la loi de 1964 précitée a été abrogée) et du Gabon (loi gabonaise 20.63 du 21 mai 1963, article 3) qui abolissent la dot.

[319] La dot condition de validité certes, mais limitée (l'exemple de la Guinée qui octroie à la dot une valeur symbolique). Le Mali limite également la dot (loi n°62-17/AN-RM du 3 février 1962 portant code du mariage et de la tutelle). La nouvelle loi de 2011 (loi n°2011-087 du 30 décembre 2011 portant Code des personnes et de la famille, article 288), fait de la dot un symbole, la rend obligatoire et la limite à 15.000 francs.

[320] DECOTTIGNIES ROGER, « Requiem pour la famille africaine », Annales Africaines, 1965, p.262.

[321] DE CARRATIER Laurent Dubois, « L'influence de la culture privatiste sur la doctrine administrative au XIXe siècle », Droit écrit, n°1-mars 2001, p.7.

spécialisation des étudiants à partir de la Licence III, mais également la pré-spécialisation à partir de la Licence II. De même, il met en évidence le rôle des Facultés de Droit dans la formation des futurs magistrats, avocats[322]. Les facultés de droit auxquelles nous faisons allusion en l'espèce sont celles qui ont succédé aux Ecoles de droit créées en Afrique dans les années 1950, pas celles qui avant les indépendances, ont formé l'élite africaine. Faisons remarquer que l'objectif visé par cette création était la reproduction dans le continent noir du système français. A preuve, une discussion avec l'ancien Recteur de l'Université Cheikh Anta Diop de Dakar PAYE relatée dans un article[323]. Promouvoir la culture et développer la recherche, former les cadres supérieurs nécessaires aux sociétés, telles sont les deux missions traditionnellement reconnues aux universités[324]. Pour GONIDEC, traditionnellement, l'Université est considérée comme ayant essentiellement une triple fonction de conservation, d'accroissement et de transmission d'un certain nombre de

---

[322] Pour le professeur Mamadou BADJI, la faculté de droit de l'Université Cheikh Anta de Dakar constitue un héritage français. V. BADJI Mamadou, *op.cit.*, *in* Écriture du droit, pp.122-123. Du même auteur, « La création de la faculté de droit de Dakar », Revue sénégalaise de droit et science politique, n°12/2014, pp.17-34 ; CABANIS André, DEVAUX Olivier, « Étudiants africains et facultés de droit françaises (1910-2010) », Revue sénégalaise de droit et science politique, n°12/2014, pp.35-51.

[323] V.L'influence des facultés françaises de droit dans les États d'Afrique noire francophone, https://univ-droit.fr/docs/recherche/rhfd/revues/part/41653/15-1994p175-187.pdf, consulté le 01/10/2023 à 7h 51 mn ; BRAUDO Serge, « L'enseignement supérieur des sciences juridiques et administratives dans les États nouveaux », RJPIC, n°2, 1966, pp. 335-357.

[324] ALLIOT Michel, « Tradition universitaire et formation des cadres outre-mer », *in* Développement économique et évolution juridique Annales Africaines, 1962, n°2, p.459. L'adaptation de la formation reçue par les étudiants d'outre-mer à leur milieu social constitue entre autres, un plaidoyer fait par l'auteur dans cet article.

valeurs universelles et nationales, surtout universelles, car on considère volontiers que la science est du monde. En bref, l'Université est une institution vouée au noble commerce de l'esprit dans le cadre d'une sorte de marché commun des idées, de la culture et des savants[325]. Elles doivent indiquer la contribution des facultés de droit et institutions de recherches au développement de l'Afrique[326].

En France, la parution de l'ouvrage *La cuisine du Droit* de Christophe Jamin a suscité une levée de boucliers au sein du corps enseignant revendiquant l'exclusivité de la formation des futurs avocats. Quelle que soit la position que l'on pourrait avoir, la question interpelle sur l'adéquation de la formation théorique avec la pratique et l'utilité voire l'avenir de nos Universités notamment à l'épreuve du numérique[327]. André Tunc disait que : il est extrêmement important pour les nations africaines de multiplier les hommes ayant une formation juridique. La nécessité pour elle d'avoir des juges et des avocats a été reconnue depuis longtemps. De même, on a depuis longtemps souligné la nécessité pour elles de reconnaître la valeur d'un certain nombre de principes fondamentaux dans les domaines du droit, du gouvernement et de l'administration de la justice[328].

---

[325] GONIDEC Pierre François, « La contribution des universités des nouveaux États à la formation des cadres supérieurs », PENANT, 1965, n°707, p.305.

[326] THIAM Samba, « La place de l'histoire dans l'enseignement du droit », *in* L'enseignement du droit en Afrique francophone, Revue sénégalaise de droit et science politique, n°12-2014, p.229.

[327] V. CAUSSE Hervé, « Les systèmes d'intelligence artificielle arrivent », LPA Septembre, 2023, pp.11 et s.

[328] TUNC André, « Les aspects juridiques du développement économique », *op.cit.*, pp.21-22.

Ce point de vue est d'autant plus cautionnable que certains auteurs attribuent l'effectivité d'une réforme à la perspicacité des magistrats bien formés et chargés de sa mise en œuvre[329]. On entrevoit par-là, au niveau communautaire, l'utilité de l'École Régionale Supérieure de la magistrature[330]. Au Sénégal, avant 2010, année de la création du Centre de Formation judiciaire, les magistrats étaient formés à l'École Nationale d'Administration et de Magistrature. Par décret 2010-707 du 10 juin 2010 portant organisation et fixant les règles de fonctionnement du Centre de Formation judiciaire (CFJ), on a assisté à une autonomisation de ladite formation laquelle a justifié l'adoption du Décret n° 2011-1704 du 6 octobre 2011 portant création de l'École nationale d'Administration (ENA) et fixant ses règles d'organisation et de fonctionnement[331].

---

[329] V. DECOTTIGNIES Roger, « Réflexions sur le projet de code sénégalais des obligations », p.179. L'auteur cite Threilhard, à propos du Code de procédure civile français disait ceci : « Ne nous dissimulons pas que le succès du Code dépendra beaucoup et de l'autorité à qui son exécution sera confiée et de la conduite des officiers ministériels qui la pratiqueront chaque jour ». Toujours selon l'auteur, le COCC fait la part belle au juge (recours à l'équité, interprétation du contrat, annulation, réfaction du contrat) et aux praticiens (liberté de conventions, consensualisme, conventions sur les modes de preuve et la responsabilité).

[330] V. L'article 4 des statuts de l'ERSUMA qui décline les objectifs de celle-ci parmi lesquels figure en bonne place : « la formation et le perfectionnement des magistrats et des auxiliaires de justice des États membres en droit harmonisé et en droit des affaires ».

[331] V. Pour certains pays tels que le Rwanda, DALOZE André, « La formation du personnel judiciaire au Rwanda : le centre national de formation judiciaire », RJPIC, n°3, 1972, pp.421-426 ; GEORGES Ph, « L'école nationale d'administration du Sénégal », PENANT, 1964, n°703/704, p.523. Pour cet auteur, l'un des objectifs de la création de l'école nationale d'administration au Sénégal demeure la lutte contre la « sous-administration » et la formation sur place des cadres administratifs.

Paragraphe 2-DES ANNÉES 1990 A NOS JOURS

51. Une nouvelle tournure est constatée dans les textes à savoir l'option pour une économie de marché et tout porte à croire que les ajustements structurels y ont joué un rôle non négligeable (A). Au-delà, sera examiné le cas spécifique de l'OHADA, droit communautaire le plus en vogue (B)[332].

A-L'option pour une économie de marché

52. Tant au niveau national que communautaire, les législateurs ont fait le choix pour une économie de marché. Ainsi, si les textes nationaux, dont ceux du Sénégal, s'inspire du droit français (1), ceux du droit communautaire de l'Union Européenne (2). Les textes précités constituent un pan du droit économique dont l'esprit mérite examen[333].

1-Les textes nationaux s'inspirant du droit français

53. S'inspirant du droit français, le législateur sénégalais a adopté la loi n°94-63 du 22 août 1994 sur les prix, la concurrence et le contentieux économique. On peut dire que

---

GAZIER F, « Les Ecoles d'Administration dans le tiers monde », in Les Ecoles d'administration dans les pays en voie de développement, PENANT, 1962, n°692, pp.366-371.

[332] Une des spécificités du droit OHADA c'est d'avoir une portée abrogatoire affirmée tant dans le Traité fondateur de ladite organisation que dans les divers Actes uniformes. Sur cette portée abrogatoire, V. DIEDHIOU Parfait, « L'article 10 du Traité de l'OHADA : quelle portée abrogatoire et supranationale ? », Revue de Droit uniforme, 2007/2, pp.265-284 ; NDIAYE Amadou Tidiane, « La portée abrogatoire des droits supranationaux de l'espace OHADA sur les dispositions du COCC », *in* Code des obligations civiles et commerciales (COCC) : cinquante ans après, L'harmattan Sénégal, 2018, pp.407-437.

[333] NGOM Mbissane, « L'esprit du droit économique africain », Annales Africaines, 2016, Volume 2, n°5, pp.41-60 ; MOUAFFO Marie-Colette Kamwé, « Étude comparative des autorités CEMAC et UEMOA de la concurrence », Revue de droit uniforme, 2011, n°4, pp.891-926.

cette loi constitue une copie de l'ordonnance française de 1986 relative à la liberté des prix et de la concurrence. La loi sénégalaise précitée a été abrogée[334] en partie par la loi n°2021-25 sur les prix et la protection du consommateur. L'un des apports de cette dernière loi a consisté en la définition du consommateur, la consécration de la notion de déséquilibre significatif et des clauses abusives). Si les deux textes précités posent le principe de la liberté quant à la détermination des prix par le jeu de la concurrence et organisent le contrôle de celui-ci, la loi n°94-69, beaucoup plus important au regard de l'objectif de libéralisation de l'économie, pose le principe du libre exercice des activités économiques[335]. Elle a réaffirmé le principe de la liberté d'accès aux activités économiques (article 2), définit l'activité économique (article 2), fait du régime de l'autorisation préalable d'exercice d'une profession une exception que seule la sauvegarde de l'intérêt général peut justifier (article 2), limiter la déclaration d'activités aux formalités d'inscription au registre du commerce et des métiers (article 3).

2-Les textes communautaires de l'UEMOA

54. Ici l'accent sera mis sur le Préambule du Traité de l'UEMOA en vertu duquel les Etats-Parties optent pour un marché ouvert et concurrentiel mais également sur certains textes de l'UEMOA dont le Règlement n°4/2002/CM/UEMOA sur les aides d'État dont le visa renferme les mots clés ci-après : « efficacité »,

---

[334] Seuls les articles 32 à 91 de la loi n°94-63 du 22 août 1994 sur les prix, la concurrence et le contentieux économique ont été abrogés.

[335] NGOM Mbissane, *op.cit.*, p.46.

« compétitivité », « épanouissement des entreprises », « sécurité juridique ». Des critères d'identification de la sécurité juridique ont été proposés par le Conseil Constitutionnel français. Il s'agit de l'intelligibilité, la prévisibilité et l'accessibilité. Partant de là, on peut sans risque de se tromper déceler une similitude dans les objectifs assignés tant à l'OHADA qu'à l'UEMOA, organisations d'intégration juridique et économique dont les normes peuvent entrer en conflit[336]. En effet, la nature juridique de l'OHADA est controversée[337], son but véritable, voire son utilité remise en cause[338]. Une chose demeure néanmoins

---

336 V. NDIAYE Amadou, Tidiane « Conflits de normes en droits communautaires OHADA et UEMOA », Revue de Droit uniforme, 2007/2, pp.285-321.

337 DOUMBE-BILLE Stéphane, « A propos de la nature de l'OHADA », *in* Droit, Liberté, paix, développement, Mélanges MADJID BENCHIKH, PEDONE, 2011, p.435. Prenant le contre-pied de certains auteurs tels que Jacques MEGAM (*Le régime des investissements privés étrangers dans l'espace OHADA : le cas du Cameroun*, Thèse, Université Jean-Moulin 3, 2009, pp.103-165) et G. NGOUMSTA Anou (*Droit OHADA et conflits de lois*, Thèse, Université Jean-Moulin 3, 2009, p.9), l'auteur estime que le droit OHADA n'est guère un droit communautaire, mais plutôt un droit secrété par une organisation internationale et qui a vocation à s'appliquer aux États et communautés qui forment l'espace OHADA.

338 BOUREL Pierre, « A propos de l'OHADA : libres opinions sur l'harmonisation du droit des affaires en Afrique », Recueil Dalloz, 2007, p.969 ; VANDERLINDEN Jacques, "Quo vaditis iura africana ?", Jahrbuch für afrikanisches Recht, 8 (1997), 145-161. *Adde* LE ROY Etienne, « Inventer un Droit pour répondre à la crise des sociétés africaines », Marchés Tropicaux, n°3000, 2003, pp.981-982. Selon l'auteur : « Ce type de modernisation par occidentalisation au nom du développement et au bénéfice supposé des sociétés est un leurre et une erreur, souvent tragiques. La grande illusion que représente pour les opérateurs économiques le traité de l'Organisation pour l'harmonisation du droit des affaires (OHADA) signé à Port-Louis, Maurice, le 19 octobre 1993 en est une illustration. Comment peut-on faire croire qu'un tel texte, techniquement remarquable, pourra régler les problèmes des échanges

certaine : l'OHADA est en marche[339] et ce, en atteste le dynamisme de ses institutions mais également les constantes réformes dont elle fait l'objet[340].

B-Le cas spécifique de l'OHADA

55. L'OHADA a une ambition clairement affirmée dans le Préambule du Traité à savoir lutter contre l'insécurité juridique et judiciaire[341] à travers l'élaboration et l'adoption de règles communes, simples, modernes et adaptées à la situation de leurs économies, de procédures judiciaires appropriées et l'encouragement du recours à l'arbitrage[342]. Nous examinerons tour à tour quelques textes de l'OHADA édictés (1), la problématique du financement de la rédaction du projet de texte uniforme portant droit général des

---

commerciaux des Africains entre eux alors que seule une très étroite minorité d'opérateurs, certes influents mais pour la plupart expatriés, peuvent effectivement accéder au bénéfice de ce traité ? Où est l'égalité devant la loi à la base d'un État de droit, donc d'une bonne gouvernance ? ».

339 ANOUKAHA François, « L'OHADA en marche », Ohadata D-04-36.

340 V. FANOU Félix, « Les enjeux des réformes des actes uniformes de l'OHADA », Annales Africaines, Volume 2, n°3, 2015, pp.239-280

341 JOHNSON Kwawo Lucien, « L'OHADA et la modernisation des affaires en Afrique », *in* Harmonisation mondiale du droit privé et intégration économique régionale, Revue de droit uniforme, 2003-1/2, pp.71-78.

342 La simplicité des règles n'est possible en partie que grâce à l'utilisation d'une technique de rédaction législative à savoir la *légistique*. La maîtrise des procédures quant à elle suppose une formation initiale et continue des magistrats, auxiliaires de justice. C'est tout l'intérêt de la création d'une École Régionale Supérieure de la Magistrature (ERSUMA) dont le rôle s'est renforcé depuis la révision à Québec, en 2008, du Traité de l'OHADA. Enfin, il convient de noter qu'à côté de l'arbitrage, fleurissent les modes amiables de règlement des différends. Cette éclosion a été amorcée par la révision en 2014 de l'Acte uniforme relatif au droit des sociétés commerciales et du GIE, poursuivie grâce à l'adoption, en 2017, de l'Acte uniforme relatif à la médiation.

obligations dans l'espace OHADA et les velléités de promotion dudit droit (2).

1-Le droit existant

56. En l'état actuel, le droit OHADA compte onze (11) Actes uniformes (le dernier en date a été adopté en fin décembre 2022 et entrera en vigueur le 1er janvier 2024. Il est relatif à la comptabilité des entités à but non lucratif). L'OHADA est fortement inspiré du droit français car il doit sa naissance à l'expertise et aux investisseurs français[343]. Il n'est donc pas né *ex nihilo*[344] et l'influence du modèle juridique français a été favorisée par plusieurs facteurs tels que l'adoption du Traité de l'OHADA en marge de la francophonie, le rôle considérable joué par la France et/ ou les juristes français dans l'initiation, le financement, et l'élaboration des règles du droit africain des affaires[345]. C'est pourquoi certains l'appellent « excroissance du droit français »[346].

57. Qu'en est-il de la réforme intervenue en 2014 dans le domaine des sociétés commerciales et du GIE ? Faisons

[343]KAMSU Maurice Kom, « Les États parties à l'OHADA et la sécurisation des entreprises commerciales », Revue de droit uniforme, 2010, n°1, pp.73-108.

[344] V. POUGOUE Paul Gérard, KALIEU Yvette, *Introduction critique à l'OHADA* cités par JIOGUE Grégoire, « Quel avenir pour le modèle juridique français en Afrique », *in Quel avenir pour le modèle juridique français dans le* monde ? Sous la direction de Rémy Cabrillac, Economica, 2011, p.106.

[345] JIOGUE Grégoire, *Ibid.*

[346] J.I.MASSAMBA, *Lettre aux juristes congolais*, cité par L.-D. MUKA TSHIBENDE, *op.cit.*, pp.18 et s.

remarquer l'existence d'un tournant[347], d'autant que l'Acte uniforme relatif au droit des sociétés commerciales et du GIE s'inspire fortement des règles de bonne gouvernance en vogue aussi bien dans le système anglo-américain, que de la *civil law*. C'est la raison pour laquelle un auteur a écrit, même s'il faisait allusion à la CVIM[348], à la CCI, aux textes de la CNUDCI[349], aux textes nationaux, que même si son influence est considérable, le droit français n'a pas été la seule source d'inspiration du droit OHADA[350]. C'est aussi donner raison au Conseil d'État français qui dans un rapport de 159 pages

---

[347] L'Acte uniforme relatif au droit des sociétés commerciales et du GIE de 1997 était fortement influencé par la loi française du 24 juillet 1966.

[348] La CVIM a inspiré l'AUDCG notamment les règles de la vente commerciale avec à la clé, une consécration de la théorie de la réception dans le cas des contrats entre absents. L'ordonnance française du 10 février 2016 modifiant le Titre III du Code civil a été sensible à ladite théorie. V. DOUANJI Gaston Kenfack, « L'influence de l'internationalité dans l'élaboration du droit OHADA », PENANT, n°851, Avril-Juin, 2005, p.174 ; DIALLO Ibrahima Khalil, « La problématique de l'intégration africaine : l'équation de la méthode », OHADATA-D-05-16 ; CHANTEPIE Gaël, LATINA Mathias, *La réforme du droit des obligations, Commentaire théorique et pratique dans l'ordre du Code civil*, Dalloz, 2016, 1093 pages.

[349] La CCI et la CNDUCI auraient inspiré le législateur de l'OHADA à travers les Actes uniformes relatifs au droit de l'arbitrage et portant organisation des procédures collectives d'apurement du passif. C'est le lieu de faire deux précisions. D'abord, depuis la réforme de l'Acte uniforme relatif au droit de l'arbitrage en 2017, le fondement de l'arbitrage a été étendu aux instruments relatifs aux investissements, notamment les codes des investissements, les traités bilatéraux et multilatéraux d'investissement. Il s'agit, à travers cette extension, de hisser la CCJA sur le toit de l'arbitrage d'investissement pour rivaliser avec la CCI et le CIRDI. Ensuite, la CNDCI a récemment inspiré les rédacteurs de l'Acte uniforme relatif à la médiation. V. Sur cette dernière question, AKA Narcisse, FENEON Alain, TCHAKOUA Jean-Marie, *Le nouveau droit de l'arbitrage et de la médiation en Afrique (OHADA)*, L.G.D.J, 2018, p.26.

[350] JIOGUE Grégoire, *op.cit.,* p.108.

intitulé « *L'influence internationale du droit français* » a retenu que la France ne dispose plus de la position dominante qui a pu, dans de nombreux domaines, faire la force du droit français au cours des siècles précédents[351]. Cette conclusion du Conseil d'État n'est pas partagée par le professeur Grégoire JIOGUE, celle-ci ne correspond pas à la situation actuelle et à venir du modèle juridique français dans les États d'Afrique Noire francophone. En effet, toujours selon lui, il se dégage des tendances qui se dessinent que le modèle juridique français sera pendant longtemps encore la principale source d'inspiration tant dans les législations nationales de ces États que du droit communautaire OHADA[352].

En tout état de cause, au regard de l'évolution notée en France dans la définition de la société commerciale à la faveur de la loi PACTE, on peut espérer très bientôt une retouche de l'Acte uniforme précité pour une meilleure intégration des normes RSE. Pour l'instant, en droit des sociétés commerciales OHADA, il est permis de relever la consécration, à l'article 831-2 de l'Acte uniforme relatif au droit des sociétés commerciales et du GIE de la norme « *comply or explain* » ou « appliquer ou expliquer ».

[351] Conseil d'État, Section du rapport et des études, *L'influence internationale du droit français*, La Documentation française, 2001, p.11
[352] JIOGUE Grégoire, *op.cit.*, p.109.

2-Le financement par la Fondation de droit continental de la gestation du droit des obligations et promotion de l'OHADA par l'Association Henri Capitant des amis de la culture juridique française

58. Le droit des obligations est une matière favorable à l'unification du moins en Afrique[353]. Cette affirmation trouve écho dans les travaux du juge Kéba Mbaye[354] et du Doyen Roger DECOTTIGNIES[355]. Pourtant, le constat fait est que l'on assiste à une difficile gestation du droit des obligations due à l'origine à un problème de rattachement de l'Avant-projet d'Acte uniforme à un système juridique précis[356] ainsi qu'à son champ d'application. C'est pourquoi, le Professeur Paul Gérard Pougoué écrivait que l'Avant-projet d'Acte

---

353 En Europe, on constate une difficile émergence d'un Code civil européen. Il en va de même du Code européen des affaires.

354 Parmi les matières à harmoniser, le juge Kéba M'baye avait citer le droit commercial. V. M'BAYE Kéba, « L'unification du Droit en Afrique », RSD, 1971, n°10, Volume 5, p.74.

355 DECOTTIGNIES Roger, « La résistance du droit africain à la modernisation en matière d'obligations », RSD, Numéro spécial, Colloque de Dakar, 5-9 juillet 1977, pp.71-73.

356 Cet Avant-projet dont la rédaction avait été confiée au professeur Marcel FONTAINE s'était largement inspiré des principes UNIDROIT. FONTAINE Marcel, « Le projet d'Acte uniforme OHADA sur les contrats et les principes d'UNIDROIT relatifs aux contrats du commerce international », Revue droit uniforme, 2004, n°2, pp.253-267 ; ETOUNDI Félix Onana, « Les principes d'Unidroit et la sécurité juridique des transactions commerciales dans l'avant-projet d'Acte uniforme OHADA sur le droit des contrats », Revue de droit uniforme, 2005, n°4, pp.683-716 ; *L'Harmonisation du droit OHADA des contrats,* Actes du Colloque de Ouagadougou, 15-17 Novembre 2007, Revue de droit uniforme, 2008, n°1 et 2, 676 pages ; MEYER Pierre, « L'avant-projet d'Acte uniforme OHADA sur le droit des contrats : innovations et débats », RDAI/ 2008, n°3, pp.291-317.

uniforme manquait de cohérence[357] et de référence[358]. Quant au nouveau texte dont l'édition a été financée par la Fondation droit continental, il peine à voir le jour en raison de son domaine très étendu. En reproduisant l'une des « tares » de l'avant-projet d'Acte uniforme, ne dévoile-t-on pas là une des faiblesses de la critique adressée au Projet FONTAINE ? En effet, l'ordonnance française du 10 février 2016 modifiant le Code civil constitue entre autres[359], un référentiel du projet de texte uniforme portant droit général des obligations dans l'espace OHADA. De même, en rédigeant le texte uniforme précité, les professeurs qui avaient été choisis ont consulté les principes d'UNIDROIT.

Dans tous les cas, le financement sus-évoqué constitue une preuve de la volonté de la France de toujours maintenir son influence juridique au sein des États membres, laquelle s'apprécie également à travers la reprise en main de la revue électronique *ohada.com* par l'Association Henri Capitant.

Faisons remarquer que les législateurs africains, ont essayé, par à-coups de se départir de l'influence française

---

[357] Est-ce un droit commun des contrats en général ? Un droit commun des contrats commerciaux ? Répondre par l'affirmative à la première signifierait que le droit OHADA embrasserait trop. Or, on connait bien l'adage. En outre, répondre par l'affirmative à la seconde question équivaudrait à se demander qu'en adviendra-t-il des contrats commerciaux déjà consacrés dans les Actes uniformes.

[358] POUGOUE Paul Gérard, « L'avant-projet d'Acte uniforme OHADA sur le droit des contrats : les tribulations d'un universitaire », OHADATA D-07-41. Selon le professeur Paul Gérard POUGOUE, les principes d'UNIDROIT ne constituent pas un système juridique. Or, dans l'espace OHADA, le système juridique le plus en vue est celui de tradition civiliste.

[359] Le Code des obligations civiles et commerciales par exemple.

certainement après avoir tâté le pouls social ou parce que contraints.

CHAPITRE II

Les résistances du droit africain au modèle juridique français

« La réalité se venge toujours de ceux qui l'ignorent, en se refusant à eux », M'BAYE Kéba, Allocution au Colloque de Dakar, RSD, 1977, n°21, p.13.

59. Plagiat ! Crieront certains, dès qu'ils auront pris connaissance de l'intitulé de cette deuxième partie et en référence aux pertinents travaux de thèse d'un collègue historien du droit[360]. Mais il n'en est rien pour une simple raison : la connaissance de ladite thèse est postérieure à nos lectures antérieures qui traitent du thème de la « résistance du droit traditionnel ». Cette précision ayant été faite, notons que selon KONRAD LORENZ, il serait erroné de croire que seul ce que nous pouvons comprendre rationnellement ou même prouver scientifiquement constitue le capital essentiel du savoir humain. Cette erreur engendre des conséquences funestes… Celui qui dénie systématiquement toute valeur à la sagesse et toute signification à la tradition, tombe forcément dans l'erreur inverse aussi grave, de croire que la science est capable de faire surgir du néant, par des voies rationnelles, une civilisation complète avec tout ce qu'elle

[360] DIOUF Gane, *La résistance du droit coutumier africain aux législations coloniales et postcoloniales*, Thèse, UCAD, 2014, 498 pages.

comporte[361]. En effet, aucun législateur ne pourra éviter de laisser au droit indigène une certaine place. Et même s'il envisageait réellement une réception en bloc, il serait douteux qu'il pût exclure entièrement le droit indigène[362]. Dans la conclusion à son étude intitulée « Codification et uniformisation du droit en Afrique noire francophone », le Professeur René DEGNI SEGUI se posait la question de savoir si le législateur africain devait maintenir exclusivement les droits traditionnels ou se débarrasser de ceux-ci[363]. Pour lui, aucune des deux positions n'est à privilégier. Des mots-clés apparaissent dans les écrits des trois auteurs précités : certains sont communs[364] auxdits auteurs, d'autres spécifiques[365].

60. Il y a soixante (60) ans, le Ministre français de la Coopération d'alors, dans un article intitulé « Les destinées du droit français en Afrique » a fait remarquer qu'une ordonnance d'octobre 1958 avait disposé que le droit en vigueur au moment de l'accession d'un nouvel État à l'autonomie resterait en vigueur[366]. Mais ce qui paraît plus frappant dans ses propos, ce sont les raisons de la longévité du droit français dans les anciennes colonies à savoir :

-l'existence de règles raisonnables ;

---

361 SCHAEFFER Eugène, « Aliénation-réception-authenticité, réflexions sur le droit du développement », PENANT, 1974, Juillet-Août-Septembre, n°745, p.332.

362 P. KOSCHAKER cité par AGOSTINI E, *Droit comparé*, n°168

363 SEGUI René DEGNI, « Codification et uniformisation du droit en Afrique noire francophone », RJPIC, 1986, n°3 et 4, p.287.

364 « Tradition », « droit indigène ».

365 « Science », « sagesse ».

366 FOYER Jean, « Les destinées du droit français en Afrique », PENANT, 1962, n°690, p.3.

-l'existence de règles adaptées à l'état de la société et à leurs besoins ;

-l'existence d'une intimité entre les juristes africains et français (assistance technique à travers les magistrats) ;

-la communication de concepts[367].

La question à se poser après examen de ce propos est de savoir si le message de Jean FOYER a été suivi par les États Africains, une fois devenus indépendants. Au-delà, on peut se demander qu'entend l'auteur par « règles raisonnables » ? Celles-ci sont-elles réellement adaptées ? L'intimité culturelle, scientifique est-elle réelle ? L'Afrique est-elle parvenue à avoir ses propos concepts juridiques ? Avant de répondre à cette question, il convient d'essayer de cerner les différents concepts de l'intitulé du présent chapitre. Le constat est que le mot ou substantif « résistance » est sur les lèvres et figure dans les écrits des auteurs intéressés par la conjonction entre le droit traditionnel et le droit moderne[368] ou dont les préoccupations sont tout autre[369]. Toujours dans la dynamique du questionnement, on pourrait se demander si le droit africain existe. Si certains lui dénient toute existence,

---

367 FOYER Jean, *op.cit.,* p.4.

368 V. Par exemple NDOYE Doudou « Droit des peuples et codification, quelques exemples au Sénégal », *in* La codification et l'évolution du droit, RJPIC, 1986, n°3 et 4, p.441 (Pour l'auteur : « Le Sénégal, comme… a vécu sous le signe de la résistance de ses coutumes ancestrales) ; SEGUI René DEGNI, « Codification et uniformisation du droit en Afrique noire francophone », *in* La codification et l'évolution du droit, RJPIC, 1986, n°3 et 4, p.284.

369 LARA Oruno D, « Résistance ou assimilation (En hommage à L.-G. Damas et à notre passion commune pour la Résistance des Nègres guyannais », *in* Hommage posthume à Léon-Gontran Damas, Présence Africaine, 1979, p.327.

telle n'est pas la posture du juge Kéba Mbaye qui en présente les voies et vertu[370]. Le droit est un système particulier de valeurs liées au contrôle social, avec ses productions (les règles juridiques) et ses représentations, qui sont considérées par chaque société comme indispensables à son organisation et à son fonctionnement[371].

61. En tout état de cause, par droit africain, nous entendons le droit appliqué en Afrique parce que adopté après les indépendances d'une part et le droit tel que vécu par les Africains d'autre part notamment le droit traditionnel. Le droit traditionnel est composé du coutumier et du religieux[372].

---

370 MBAYE Kéba, « Le droit africain, ses voies et ses vertus », RSD, 1970, n°7, p.7 L'auteur reconnait néanmoins la difficulté à cerner les contours du droit africain, même si son existence peut être facilement admise.

371 V. LE ROY Etienne, « Droit et développement en Afrique noire francophone après dix ans d'indépendance politique », RSD, 1971, n°9, p.56, note de bas de page 15

372 LEKEBE, « Les réformes du droit de la famille dans les États d'Afrique noire francophone », Annales Africaines, Volume 1, Avril 2017, n°6, p.343 ; MATHURIN Abdoulaye Diop, p.800 ; V. FALL Papa Talla, « La rupture du mariage coutumier en droit sénégalais : l'imbroglio juridique », Nouvelles Annales Africaines, 2011, n°2, p.217. Selon cet auteur, il est possible, au regard de l'arrêté n°2591 du 23 février 1961 qui fait suivre de l'expression « coutume », le qualificatif islamisé, d'assimiler mariage coutumier et mariage religieux. L'auteur cite également les travaux des professeurs Ndiaw et Isaac Yankhoba Ndiaye. Cependant, la question de l'interchangeabilité du culturel et du cultuel se pose avec acuité et une réponse positive tranchée mérite examen. De même, dans certains écrits, une distinction est opérée entre les droits religieux et le droit traditionnel africain qui serait la mise en œuvre de la culture au niveau juridique. V. DIOUF Gane, « La légitime défense en droit traditionnel africain », Annales Africaines, 2020, Volume 2, n°13, p.428. Pourtant, ils sont nombreux les auteurs qui englobent dans le droit traditionnel le droit religieux et les droits coutumiers. V. Par exemple THIOYE Moussa, « Le droit coutumier africain, un droit à part entière et un droit largement à part », *in* Le métissage des droits en Afrique subsaharienne francophone, Regards croisés, Collection numérique Diké, n°3, p.65. Toutefois, nous pensons que

On sent son emprise dans certaines législations telles que le Code sénégalais de la famille, le Code togolais et Malien. C'est que *in fine,* le droit africain est le droit qui résulte d'un compromis entre le droit moderne, le droit coutumier[373] et religieux car de prime abord, le droit commun ou moderne ; que l'on pourrait également qualifier de « droit du développement » est le contraire du droit traditionnel[374].

62. Le droit africain fait corps avec le droit religieux si l'on se réfère à l'article 751 du Code des personnes et de la famille du Mali qui instaure un pluralisme juridique en matière successorale à l'instar de son homologue Sénégalais où la question de la réforme du Code de la famille est agitée tant par les mouvements féministes qu'islamistes[375]. Qu'il nous

---

l'auteur aurait pu d'abord s'interroger sur ce qu'est la culture comme l'ont d'ailleurs fait Pierre BIRNBAUM et François CHAZEL. Pour ces auteurs, la culture d'un groupe, si l'on en croit l'anthropologue, n'est autre que l'inventaire de tous les modèles sociaux du comportement ouvertement manifestés par tout ou partie de ses membres. BIRNBAUM Pierre, CHAZEL François, *Théorie sociologique*, Presses universitaires de France, 1975, p.89.

[373] Ce droit est également appelé « droit négro-africain », « droit-indigène » ; V. KAMARA Fatou Kiné, « Pour une méthode scientifique de recherche, d'identification et d'interprétation du droit coutumier négro-africain », *in De la justice coloniale aux systèmes judiciaires africains contemporains*, sous la direction de BADJI Mamadou, DEVAUX Olivier, Revue de Droit sénégalais, 5, 2006, Presses de l'Université des sciences sociales de Toulouse, pp.13-37.

[374] LE ROY Etienne, « Droit et développement en Afrique noire francophone après dix années d'indépendance politique », RSD 1971, n°9, p.58.

[375] L'exemple du CIRCOFS qui demande l'adoption d'un Code de statut personnel. V. THIAM Samba, « Le Code sénégalais de la famille et l'histoire », *in* La codification juridique dans les pays francophones, Droit sénégalais, n°7, 2008, spécialement p.125, 147 (le collectif des associations islamiques propose, en effet, des règles relatives à la personnalité, au mariage, à l'adoption, à la tutelle, à la filiation, aux successions et au waqf.

soit permis de dire avec le juge Kéba M'Baye que le droit africain c'est :

-essentiellement le vieux socle coutumier poli et repoli par des apports de civilisations extérieures[376] surtout des règles immémoriales nées d'une pratique suivie de façon ininterrompue dans la société négro-africaine ; lesquelles sont nimbées de morale et de religion[377] ;

-aussi ce vieux socle coutumier infléchi par le Christianisme et l'Islam ;

-enfin le droit que les nouveaux États d'Afrique devenus indépendants tentent de mettre au service de la décolonisation, du développement et de l'unité[378].

Le droit africain est ce faisant un droit syncrétique[379]

Tout porte donc à croire qu'avec l'adoption en 2015 de la loi sur le waqf, le CIRCOFS a gagné une bataille).

[376] Cette influence extérieure ne signifie pas selon certains auteurs, dénaturation, mais plutôt évolution. V. MIGNOT Alain, « Droit coutumier et anthropologie juridique (ou réflexions sur les études de droit coutumier) », PENANT, 1977, n°757, p.359.

[377] Le caractère hétéroclite de l'Afrique a entrainé, comme un effet de miroir, la diversité des cosmogonies et des théologies. Ainsi, il n'y a *a priori* aucune similitude de cultes entre les Peulhs, sérères, et vaudous. En Afrique, aucune religion traditionnelle n'a prétendu à l'universalité. V. KESTELOOT Lilyan, *op.cit.,* p.3.

[378] MBAYE Kéba, « Le droit africain, ses voies et ses vertus », *op.cit.*, p.9.

[379] PIAME-OLOLO Nono Lutula, « De l'État en Afrique à l'État africain problématique actuelle des chercheurs autochtones », RJPIC, n°3, 1984, p.781. Selon cet auteur, le « droit africain », est une expression recouvrant certes des diversités considérables, mais qui se justifie dans la mesure où elle rend compte de la singularisation d'un ensemble, d'une famille culturelle par rapport à d'autres ensembles ou d'autres familles. Pour rendre ce droit socialement utile et opératoire, il faudrait réaliser une œuvre immense, quasi syncrétique, incorporant des éléments épars provenant de

63. Le champ d'application de cette seconde partie est limité dans l'espace (le Sénégal principalement et quelques pays tels que le Bénin, le Togo, le Mali, le Cameroun et la Côte d'Ivoire) et sur le plan matériel (les textes qui seront mis en évidence concernent plus le droit de la famille, qui en Afrique, découle de sources très différentes[380], que le droit des contrats et pénal. Concernant le droit des contrats, en dépit d'une thèse d'un auteur soutenant la résistance du droit traditionnel au droit moderne[381], la raison de cette mise à l'écart dans la présente communication se justifie par le fait que très tôt, cette discipline a été extraite de l'emprise de la coutume[382]. Quant à la matière pénale, s'il est vrai que son influence ne saurait faire l'ombre d'aucun doute[383], par

---

pensées juridiques européennes (occidentale et socialiste), islamique et surtout, c'est fondamental, africaine.

380 LAMPUE Pierre, « Les sources du droit de la famille dans les États d'Afrique francophone », R JPIC, 1967, n°1, Janvier-Mars, p.20. Selon l'auteur : « à l'intérieur de chaque pays, coexistent des règles qui n'ont ni le même caractère ni la même inspiration, parce qu'elles ne sont pas du même âge. Il en résulte une remarquable complexité de l'ordre juridique ».

381 MELONE Stanislas, « Les résistances du droit traditionnel au droit moderne des obligations », RSD, 1977, n°21, pp.45 et s.

382 V.TUNC André, MBAYE Kéba *in* Les aspects juridiques du développement économique, Dalloz 1966 respectivement aux pages 1 et 121 et suivants. L'emprise prématurée du Code civil décrite ci-dessus et entrainant comme conséquence l'éradication des contrats coutumiers, ne doit pas servir de prétexte pour occulter l'observation par de nombreux commerçants sénégalais analphabètes d'usages *contra legem* ainsi que l'invention de mécanismes de financement parallèles tels que la tontine. Sur les usages, V. Les articles 257 à 259 COCC.

383 La question de la corruption de la jeunesse et de l'homosexualité. En effet, l'article 324 alinéa 2 du Code pénal sénégalais est un vestige du passé colonial au regard de la proximité terminologique et sémantique qu'on observe en examinant l'article 334 (Quiconque aura attenté aux mœurs, en excitant, favorisant ou facilitant habituellement la débauche ou la corruption de la jeunesse de l'un ou de l'autre sexe au-dessous de l'âge de vingt-et-un ans, sera puni d'un emprisonnement de six mois à deux ans, et

moment elle s'avère impuissante à saisir certains phénomènes irrationnels tels que la sorcellerie. En effet, si nous partons de l'idée selon laquelle le développement de la sorcellerie a partie liée avec les conditions matérielles de vie[384], ce ne serait pas de sitôt que son actualité, voire acuité disparaîtra en Afrique, dont la population, malgré les

---

d'une amende de cinquante francs à cinq cents francs) du Code pénal français de 1810. Les proximités relevées ci-dessus sont d'autant plus avérées que l'article 320 ter issu de la loi n°99-05 du 29 janvier 1999 modifiant certaines dispositions du Code pénal sénégalais s'inspire largement de l'article 227-22 du Code pénal français modifié en 1994 et qui consacre le délit de corruption de mineur. En France, au départ, la corruption de la jeunesse s'assimilait au proxénétisme. La question de l'autonomie et de son étendue (englobe-t-il l'article 324 alinéa 2) se pose avec acuité au Sénégal. V. Pour l'historique de la corruption de la jeunesse en France, l'ouvrage de CABALLERA Francis, *Droit du sexe*, LGDJ, 2010, p.721. Quant à l'homosexualité, elle a disparu du Code pénal français en 1791 certes, mais le juge se basait sur l'article 330 (Toute personne qui aura commis un outrage public à la pudeur, sera punie d'un emprisonnement de trois mois à un an, et d'une amende de seize francs à deux cents francs) dudit Code pour réprimer celle-ci. L'article 319 du Code pénal sénégalais réprime l'homosexualité que l'on pourrait qualifier d'acte impudique ou contre nature commis avec la personne du même sexe. Se basant sur l'importance du droit à l'intimité de la vie privée, le droit à la non-discrimination et à l'égalité de traitement, le devoir de tolérance posé à l'article 28 de la charte africaine des droits de l'homme et des peuples et la laïcité, certains auteurs parmi lesquels Fatou Kiné Camara ont dénoncé l'inconstitutionnalité de l'article 319 alinéa 2 du Code pénal sénégalais. CAMARA Fatou Kiné, « Les nouveaux défis de la codification au Sénégal : harmonisation et accessibilité- Le cas du droit pénal », *in* Droit, politique et religion, Droit sénégalais, 2009, n°8, pp.248-250. V. Sur l'influence du droit français en matière carcérale ou pénitentiaire, MICHELET Elisabeth, « Bilan d'une application du modèle occidental à la prison sénégalaise », PENANT, 1987, n°794, pp.215-240.

[384] PAGEARD Robert, « Mangeurs et mangeuses d'âmes chez les Mossi (Haute-Volta) », PENANT, 1970, n°729, p. 303 ; VAN NIEUWAAL Van Rouveroy, « Sorcellerie et justice coutumière dans une société togolaise : une quantité négligeable », PENANT, 1989, n°°801, pp.433-453.

nombreuses ressources naturelles[385], vit encore sous le seuil de pauvreté.

64. Quel que soit le point de vue que l'on pourrait avoir sur la sorcellerie[386], la discrimination que l'on pourrait opérer

---

[385] Forêts, minerais et hydrocarbures ; Pour une bibliographie relative aux ressources naturelles, V. Par exemple, NIANG Kaly, *Dans les mines d'or du Sénégal oriental, la fin de l'orpaillage ?* L'harmattan, 2014, 196 pages ; OSIWA, *Les capacités de gestion des ressources naturelles des pays de l'Afrique de l'Ouest*, 2008, 270 pages ; *Recueil des textes juridiques relatifs aux industries extractives au Niger*, SWISSAID, 2014, 2e édition, 748 pages.

[386] Les sorciers seraient les suppôts de Satan V. Sur ce point, MATHE Messan, « La justice face à la sorcellerie », PENANT, 1976, p.319 ; V. Également les pages 311 (la sorcellerie n'est pas une science ; c'est une protestation contre les religions dominantes à savoir le catholicisme, l'islam ou la religion réformée), 313 (le sorcier ne connaît que les petits mystères ; il est prêtre d'une religion païenne, jeteur de sorts, envoûteurs, donc criminel) ; *Adde* PAGEARD Robert, « Mangeurs et mangeuses d'âmes chez les Mossi (Haute-Volta) », PENANT, 1970, n°729, p.301 (Selon cet auteur, le christianisme et l'islam en tout premier éloignent l'homme de ces forces en les niant ») ; FADIKA Mamadou, « Le droit, les sorciers, magiciens, guérisseurs, féticheurs et marabouts », PENANT, 1975, Vol 84, n°750, p.446 (il ne semble pas cependant qu'il y ait eu systématiquement chasse aux sorciers. Souvent Islam, Christianisme et animisme ont coexisté pacifiquement, les deux premiers faisant preuve d'une grande tolérance à l'égard des certaines manifestations du troisième. L'opposition peut provenir tout simplement de ce que les sorciers ont toujours incarné le mal. Ce sont eux qui sont rendus coupables de toutes les calamités, de toutes morts suspectes) *Contra*, V. RAMALANJAONA J.D, « La sorcellerie », PENANT, 1968, n°719, p.98 : « Nous avons dit que les sorciers ne sont pas tous des malhonnêtes. Il en est (très rarissimes bien sûr) qui opèrent des prodiges par leur empirisme et qui étonnent nombre de savants modernes. La plupart du temps ils ne savent guère ce qu'ils font ; pour ne pas les rendre dangereux par leur « ignorance », pourquoi ne pas les aider, en multipliant, par exemple, les projets d'institution d'universités pour les sorciers ? (cf.*supra*, l'université pour les sorciers de Pretoria). Ceci, par contre coup, va déconcerter tous les prétendus sorciers qui n'auront plus alors d'autres débouchés...Certes, l'appellation de « sorcier diplômé » choquerait-pour

entre la sorcellerie, la magie[387] et la superstition[388], une chose demeure constante : l'Afrique est un rare continent où l'on puisse encore côtoyer le surnaturel à chaque pas[389] ; la sorcellerie est vieille comme l'humanité, elle existe encore partout[390]. Faut-il la tolérer ou sévir ?[391] Les tribunaux en Afrique utilisent plusieurs qualificatifs : empoisonnement à distance notamment lorsque le coupable s'est servi d'un os humain dans la préparation du gris-gris ou lorsqu'il y a des faits matériels qui ont aidé ou favorisé l'acte, par exemple – dépôt d'un gris-gris devant la case de la victime[392]. Et si l'empoisonnement à distance n'est possible que grâce à de pures formules incantatoires ? Cette situation pose un problème de détermination de l'élément intentionnel[393]. Au Gabon, le Tribunal de Grande Instance a eu à connaître d'un cas d'homicide involontaire d'un chasseur qui a tiré sur un chimpanzé qui s'est révélé en vérité être un homme. Il a tenu à rappeler les cas d'homicide involontaire à savoir un homme

---

un certain temps-l'oreille de bien d'étudiants ; mais ne serait-ce pas là, tout de même, un diplôme comme tous les autres ? ».

387 La magie dont on parle ici est la magie blanche. C'est une science et le magicien, un initié aux grands mystères.

388 La superstition serait essentiellement caractérisée par l'habileté des hommes (MATHE Messan, « La justice face à la sorcellerie », PENANT, 1976, p.311).

389 MATHE Messan, *op.cit.,* p.311.

390 RAMALANJAONA J. D, « La sorcellerie », PENANT, 1968, n°719, p.77. Dans la Revue PENANT de 1967, n°718, p.448, Monsieur RAMALANJAONA a révélé l'existence de la sorcellerie, des actes et pratiques de sorcellerie aussi bien dans les pays développés dits civilisés que les pays en voie de développement. RAMALANJAONA, « La sorcellerie », PENANT, 1967, n°718, p.448.

391 RAMALANJAONA J.D, *op.cit.*, p.86.

392 MATHE Messan, *op.cit.*, p.322.

393 NZOUABETH Dieunedort, « L'animus necandi », Association sénégalaise de droit pénal, 2010, pp.73-106.

tué par maladresse, imprudence ou négligence ; or en l'espèce, l'accusé a tiré sur un homme et non un chimpanzé, même si le juge gabonais doit tenir compte du fait que les hommes se changent en animaux pour moult raisons, phénomène inconnu du droit occidental. Quel serait le sort d'un homme qui se transforme en animal pour dévaster un champ avant de reprendre son identité d'origine ? Peut-il être poursuivi par le Ministère public ou la victime ? A croire Jean Pradel, cette infraction surnaturelle, du fait d'une insuffisante matérialisation de l'intention criminelle ne peut être punie[394].

Au-delà, l'impuissance du droit pénal demeure perceptible face à certaines pratiques telles que les scarifications[395], symptomatiques de l'observation d'une culture.

65. La question centrale qui traverse cette seconde partie est la suivante : quelles sont les manifestations de la résistance opposée par le droit africain au modèle juridique français qui lui a toujours servi de source d'inspiration et/ ou tenté de le neutraliser ?

L'étude de ce sujet permettra de savoir si concernant la codification en Afrique, les vocables « mimétisme juridique » ou « transfert de droit » conservent toute leur pertinence.

---

[394] Jean Pradel, cité par DIENG Françoise Bineta, « Le principe de la légalité en droit pénal à l'épreuve du mysticisme », Nouvelles annales africaines, 2009, n°1, p.131.

[395] ADAMOU Moctar, « L'appréhension du culturel par le droit pénal béninois », *in* Le droit africain à la quête de son identité, Mélanges offerts au Professeur Isaac Yankoba Ndiaye, L'harmattan Sénégal, 2021, pp.17 et s ; *Adde* HOUNYOTON Hospice, « La scarification chez les peuples du Bas et du Moyen Bénin : Entre ethno-spiritualisme, esthétisme corporel, garantie et violation des droits de la personne humaine », *in* L'autorité du droit coutumier dans l'espace francophone, Colloque Université Catholique de Lyon, 2020, pp.39 et s.

Réfutant le premier vocable, Rénucci opte pour le second concept, eu égard à la frénésie codificatrice au lendemain des indépendances[396]. Faudrait-il dépasser la dichotomie, loi et coutume[397], avoir de nouvelles représentations des droits africains ?[398] Quelle est la valeur juridique de la coutume ?[399] Comment concilier le pluralisme sociologique et juridique endogène…[400] . Telles sont les autres questions que l'on pourrait se poser, en dehors de la question principale susmentionnée. Dans tous les cas, cette seconde partie donnera l'occasion d'apprécier le système de codification[401]

---

[396] RENUCCI Florence, « *Les coutumes dans la fabrique des droits africains*, Dalloz, collection « Tiré à part », 2021, 128 p commenté par Caroline Gau-Cabée, RTD Civ 2023, p.983.

[397] Sur cette dichotomie, V. LAMPUE Pierre, « Les sources du droit de la famille dans les États d'Afrique francophone » *op.cit.*, p.20 ; KAMARA Fatou Kiné, « Le Code de la famille du Sénégal ou de l'utilisation de la religion comme alibi à la légalisation de l'inégalité de genre », *op.cit.*, p.164 notamment la note de bas de page 2.

[398] Renucci, *op.cit.*, p.983.

[399] Selon Roger DECOTTIGNIES, la coutume ne serait qu'un fait social (p.8). Ce propos est jugé excessif par Serge GUINCHARD (*Droit patrimonial de la famille*, p.35. L'auteur cite Chabas, Annales Africaines 1956, n°1, pp.57 et s. De notre point de vue, partant de l'idée selon laquelle le droit lui-même est un fait social, il conviendra de donner raison au Doyen DECOTTIGNIES.

[400] Florence Renucci, *Op.cit.*, p.983.

[401] V. GAUDEMET Jean, « La codification, ses formes et ses fins », *in* La codification et l'évolution du droit, RJPIC, 1986, n°3 et 4, pp.239-260 ; SCHAEFFER Eugène, « De l'importation de codes à la fin du 19e siècle et au début du 20e siècle et de leur réception », *in* La codification et l'évolution du droit, RJPIC, 1986, n°3 et 4, pp.260-280 ; CABRILLAC Remy, *Les codifications*, PUF, 2002, Collection « Droit, éthique, société », 310 pages ; du même auteur, *La recodification civile en France*, Collection Entre-Vues, 2008, 30 pages ; « La codification », Bulletin de l'académie des sciences et des lettres de Montpellier, Vol. 52, 2021, pp.195-205 ; « Un nouveau Code civil ? », Recueil Dalloz, n°39, pp.2129-2176.

ainsi que la réception[402] en Afrique d'un système juridique étranger[403], l'importance du droit comparé dont l'objectif est de mettre des textes en parallèle à des fins de perfectionnement législatif[404]. En effet, à l'heure actuelle, les systèmes juridiques du continent noir demeurent-ils encore liés par le nombril à celui des anciennes puissances coloniales ? Telle est la question posée par le Professeur Moussa THIOYE[405]. S'il fut un temps où leur existence a été mise en doute, où l'on a parlé de leur déclin, il faut se rendre à l'évidence que non seulement ils existent toujours, mais également s'illustrent par leur extrême diversité, leur vertu[406]. On assiste donc à cet égard à une résistance des droits originellement africains[407].

66. L'utilité du droit traditionnel n'est plus à démontrer surtout sur le plan politique car comme le dit un auteur : « dans le domaine du droit, la négritude s'exprime à travers le droit traditionnel. Les valeurs de civilisation du monde vont

---

[402] Selon RIPERT, cité par Alfred RAMANGASOAVINA, pour qu'une loi vive, il faut qu'elle soit reçue dans le milieu juridique. RAMANGASOAVINA Alfred, « Du droit coutumier aux codes modernes malgaches », PENANT, 1962, n°692, p.347.

[403] SCHAEFFER Eugène, « Aliénation-réception-authenticité, réflexions sur le droit du développement », PENANT, 1974, Volume 84, n°745, pp.311-332.

[404] CARBONNIER Jean, *Sociologie juridique*, PUF, 1978, p.28.

[405] THIOYE Moussa, « Part respective de la tradition et de la modernité dans les droits de la famille des pays d'Afrique noire francophone », R.I.D.C, 2, 2005, p.345.

[406] MBAYE Kéba, « Le droit africain, ses voies et ses vertus », RSD, 1970, n°7, pp.6-24.

[407]MBAMBI Kangulumba Vincent, « Les droits originellement africains dans les récents mouvements de codification : le cas des pays de l'Afrique francophone subsaharienne », Les cahiers de droit, Volume 46, (-1-2), 2005, pp.315-338.

donner une certaine coloration du droit qui régit la conduite des particuliers et des gouvernements dans les sociétés nègres »[408]. La réflexion suscitée par cette seconde partie permet également d'agiter la sempiternelle problématique de l'effectivité du droit[409]. Et pourtant, l'adage « nul n'est censé ignorer la loi » est connu. La règle flotte, en apesanteur, dans l'atmosphère juridique ; inscrite nulle part, elle s'impose partout. Comme tout adage, elle plonge ses racines dans une source mystérieuse, presque mythique. En sondant cette origine obscure, certains ont cru déceler un lien nécessaire entre la règle traditionnelle et la publication de la loi : c'est parce que la loi a été publiée que nul ne peut plus l'ignorer. La publication est ainsi devenue le principal pilier de la présomption de connaissance[410]. Tout compte fait, la résistance du droit africain au droit français demeure perceptible à deux niveaux : au plan textuel d'une part (SECTION 1) et factuel d'autre part (SECTION 2). Résistance peut se traduire par une sorte d'*omerta* (la question des personnes intersexuées) voire une répression ou un rejet de l'homosexualité et partant, le rejet du mariage pour tous.

---

408 SY Seydou Madani, *in* Négritude et droit, communication au Séminaire U.P.S sur la négritude, Dakar, 12 au 18 avril 1971 cité par MELONE Stanislas, « Les résistances du droit traditionnel au droit moderne des obligations » R.S.D, 1977, n°21, numéro spécial, Colloque de Dakar, 5-9, p.50.

409 V. COMMAILLE Jacques, « Effectivité », *in* Dictionnaire de la culture juridique, PUF, 2003, pp.583-585.

410 DEUMIER Pascal, « La publication de la loi et le mythe de sa connaissance », Droit écrit, n°1-mars 2001, p.27. L'auteur opère une distinction entre la promulgation de la loi, qui rend exécutoire celle-ci et la publication, qui la rend opposable.

SECTION I-UNE RESISTANCE CONSACRÉE PAR LES TEXTES

67. La coutume a toujours éclos en droit de la famille. C'est là que les aventures du droit moderne ont été sans succès. C'est parce que les conceptions qui servent de fondement au droit de la famille ont une forte coloration religieuse et prennent leur source dans les traditions les plus solidement ancrées en l'être africain [411](**Paragraphe 2**). Ces propos de Kéba M'Baye sont toujours d'actualité et démontrent à suffisance que les Africains n'ont pas forcément adopté le mode de vie de l'Européen aussi bien hier qu'aujourd'hui (**Paragraphe 1**).

Paragraphe 1 -DES LÉGISLATEURS RÉTICENTS FACE AUX ÉVOLUTIONS SOCIÉTALES

68. En 2017, la Cour de Cassation française avait refusé à une personne intersexuée qui souhaitait être reconnue comme telle, l'inscription de son état dans les actes d'état civil[412], renvoyé la question au Parlement français qui à son sens, est mieux armé pour se prononcer sur le sujet, demandé à la personne intersexuée de saisir la Cour européenne des droits de l'homme et d'ici là souhaiterait « une évolution de la

---

[411] M'BAYE Kéba, « Droit et développement en Afrique francophone de l'Ouest », *in Les aspects juridiques du développement économique*, Dalloz, 1966, p.127.

[412] « la loi française ne permet pas de faire figurer, dans les actes de l'état civil, l'indication d'un sexe autre que masculin ou féminin » (Cass, 1e civ, 4 mai 2017, n°16.17.189) ; - V. aussi M. Gobert, Le sexe neutre ou de la difficulté d'exister : JCP G 2017, doctr. 716). - B. Moron-Puech, Le rejet du sexe neutre : une « mutilation juridique ? » : D. 2017, p. 1404).

société et de l'état des consciences »[413]. Cette position de la Cour de cassation française rappelle, si besoin en était, que ce n'est pas exclusivement en Afrique, même si c'est dans des termes très différents, que l'évolution des mœurs est attendue. Cependant, si l'on note en France, un réel débat sur les questions bioéthiques (A), une diversification des formes de conjugalité (B) et un réel intérêt doctrinal et jurisprudentiel pour le sexe neutre, tel n'est pas le cas en Afrique de manière générale et au Sénégal en particulier car la réponse semble évidente, implacable et il y aurait comme une forme de provocation vis-à-vis de la société à vouloir poser le débat (C).

A-Les questions soulevées par la bioéthique

69. Aussi surprenant que cela puisse paraître, relevons que le législateur sénégalais s'intéresse à la bioéthique[414]. Seulement, jusqu'ici, son intérêt est incomplet puisque la législation en vigueur est soit cantonnée, incomplète, soit floue voire paradoxale[415]. Il s'agit donc d'une loi qui s'inscrit

---

413 MORON-PUECH Benjamin, « L'affaire du sexe neutre : une illustration de la régression des droits humains en Europe », Recueil Dalloz, 2023, p.400.

414 Voir les différentes lois votées en ce sens : la loi relative à la santé de la reproduction du 5 août 2005 (JORS n°6245 du samedi 8 octobre 2005) ; la loi 2009-17 du 9 mars 2009 (JORS n°6479 du samedi 11 juillet 2009) portant Code d'éthique pour la recherche en santé, Arrêté ministériel n° 5776 MSP/DES, en date du 17 juillet 2001, portant Charte du malade dans les Établissements publics de santé hospitaliers, la loi n°2015 relative au don, prélèvement et à la transplantation d'organes et aux greffes de tissus humains du 8 décembre 2015.

415 L'IVG n'est pas autorisée sauf dans les cas prévus par la loi. Pour le cas du Cameroun, nous pouvons citer la loi du 14 juillet 2022. V. Sur cette question, DJUIKO Sylvie NGAMALEU, « Le législateur camerounais et la PMA : de l'avant-projet du code des personnes et de la famille à la loi du

dans la généralité (1). Ce faisant, on note une difficile gestation du droit de la bioéthique au Sénégal[416]. Cette situation contraste d'avec le droit français (2)

1-Une législation sénégalaise générale

70. La généralité s'apprécie à travers le fait que le législateur sénégalais s'active dans des pétitions de principes à part peut-être dans la loi 2015-22 du 17 décembre 2015[417]. Cette généralité rend la loi notamment la loi n°2005-18 du 5 août 2005 relative à la santé de la reproduction incomplète et floue.

Ainsi, lorsque suivant l'article 6 de la loi n° 2005-18 du 5 août 2005 relative à la santé de la reproduction, il précise que : « Dans le respect de l'éthique, les couples ont le droit de bénéficier, sur leur demande, d'une assistance médicale à la procréation », plusieurs questions ne manqueront pas d'être posées. D'abord, la loi ne dit pas comment cette assistance

---

14 juillet 2022 relative à la procréation médicalement assistée », RSD, 2023, n°37, pp.261-295.

[416] NDIAYE El Hadj Samba, « L'envers du droit de la bioéthique en gestation au Sénégal : le corps humain saisi par le Droit », *in* Le droit africain à la quête de son identité, Mélanges en l'honneur de Isaac Yankhoba Ndiaye, L'Harmattan Sénégal, 2021, p.817 *Adde*, BADJI Patrice Samuel Aristide, « Le législateur sénégalais face à la bioéthique », Droit sénégalais, n°11, 2013, pp.51-82.

[417] Sauf que lors des débats en commission, il est dit ceci : « Le présent projet de loi fixe les principes généraux qui encadrent le don, le prélèvement, la transplantation d'organes et la greffe de tissus humains notamment le respect de l'intégrité physique de la personne humaine, la gratuité du don d'organes ou de tissus humains. Le prélèvement de la cornée est autorisé chez la personne décédée. Cependant, le prélèvement d'organes n'est autorisé que sur la personne vivante, dans le respect de la procédure prévue par la présente loi. De même, il est apparu nécessaire de limiter les structures sanitaires autorisées. Enfin, la création d'un organe de contrôle paraît une nécessité pour éviter les dérives ».

doit se faire, ensuite à quelle forme d'assistance médicale à la procréation ont droit les coupes : est-ce une fécondation *in vitro*, un recours à un tiers donneur ? De même, lorsque le législateur parle de « couples » ; à quels couples fait-il allusion ? Aux couples mariés exclusivement ? Tout porte à le croire vu que la seule forme de conjugalité ou nuptialité reconnue par la loi est celle résultant du mariage. En plus, l'article 14 de la loi n° 2005-18 du 5 août 2005 relative à la santé de la reproduction, opère une distinction entre les couples et les individus. Est-ce à dire que les personnes qui forment un couple ne sont pas des individus ? Il s'agit certainement d'une distinction entre une personne vivant seule et une autre qui est en couple. Auquel cas, nous sommes en face d'une discrimination dont nous ignorons les raisons profondes même si on peut les deviner : « la moralisation (comme s'il y avait plus de légitimité à être en couple que seul), l'encadrement, structuration de l'AMP ».

71. Quant à l'article 15 de la loi précitée, il milite en faveur de l'interdiction de principe de l'interruption volontaire de grossesse sauf lorsqu'elle est autorisée par la loi. Encore que les hypothèses dans lesquelles la loi autorise l'IVG n'ont jusque-là pas été précisées. Est-ce les cas spécifiés dans le protocole de Maputo dans lequel il est demandé aux États d'admettre l'avortement médicalisé dans les cas ci-après à l'agression sexuelle, le viol, l'inceste et lorsque la grossesse met en danger la santé mentale et physique de la mère ou la vie de la mère ou du fœtus ? Rien n'est moins sûr vu que l'IVG diffère de l'avortement médicalisé. Les seules certitudes que nous avons sont relatives au fait qu'en aucun cas l'IVG ne doit être assimilée à une méthode contraceptive[418] et à l'idée selon laquelle l'avortement thérapeutique n'est pratiqué au Sénégal que dans l'unique dessein de sauver la vie de la mère[419].

Faisons remarquer que le législateur sénégalais n'a pas fait comme son homologue béninois qui admet l'interruption volontaire de grossesse autorisée sur prescription du médecin dans des cas limitatifs prévus par la loi[420]. C'est le cas lorsque :

- la poursuite de la grossesse met en danger la vie et la santé de la femme enceinte,'

- la grossesse est la conséquence d'un viol ou d'une relation incestueuse et que la demande est faite par la femme enceinte s'il s'agit d'une majeure, ou par ses représentants légaux s'il s'agit d'une mineure ;

- l'enfant à naître est atteint d'une infection d'une particulière gravité au moment du diagnostic.

Cette autorisation de l'IVG n'entre pas en contradiction avec les dispositions de la loi n°2002-07 du 24 août 2004 portant code des personnes et de la famille du Bénin, qui, en son article 1er alinéa 2 reconnait le droit à la vie à l'enfant conçu. Cette loi a été modifiée par la loi n°2021-13 du 20

---

[418] La même interdiction est prévue dans la loi béninoise n°2021-12 du 20 décembre 2021 modifiant et complétant la loi n°2003-04 du 03 mars 2003 relative à la santé sexuelle et à la reproduction.

[419] Article 35 du Code de déontologie médicale.

[420] Article 17-1 issu de la loi n°2021-12 du 20 décembre 2021 modifiant et complétant la loi n°2003-04 du 03 mars 2003 relative à la santé sexuelle et à la reproduction.

décembre 2021 modifiant et complétant la loi n°2002-07 du 24 août 2004 portant Code des personnes et de la famille[421].

72. Si le législateur sénégalais s'inscrit dans la généralité concernant la bioéthique, il n'en va pas ainsi de son homologue français qui a une législation plus spécifique et exhaustive.

2-Une législation française plus exhaustive

73. Si en France, la pluralité des modes de conceptions a bouleversé le droit[422], tel n'est pas le cas au Sénégal où l'assistance médicale à la procréation n'a pas été réglementée. Elle y est définie par l'article L2141, alinéa 1er du Code de la santé publique français comme des pratiques cliniques et biologiques permettant la conception *in vitro*, la conservation des gamètes, des tissus germinaux et des embryons, le transfert d'embryon et l'insémination artificielle.

Quelles sont les réserves opposées à l'AMP ? Il y a entre autres le fait que les demandeurs sont de même sexe ou que le demandeur soit seul, remettant ainsi en cause la parenté[423].

Au-delà nous avons la problématique du tourisme reproductif (enfant né à l'étranger avec l'assistance d'une mère porteuse). Le droit français, on le sait, prohibe encore la

---

421 V. AGOSSOU Clautaire, « Les fondements des filiations électives en droit béninois », *in Le droit africain à la quête de son identité,* Mélanges offerts au Professeur Isaac Yankhoba Ndiaye, L'harmattan Sénégal, 2021, pp.91-114.

422 DOUCHY-OUDOT Mélina, « Les réformes du droit français de la famille au XXIe siècle », *in Le droit africain à la quête de son identité*, Mélanges offerts au Professeur Isaac Yankhoba Ndiaye, L'harmattan Sénégal, 2021 p.467.

423 DOUCHY-OUDOT Mélina, *Ibid*

gestation pour autrui à travers les articles 16-7[424] et 16-9[425] du Code civil. Cependant, lorsque celle-ci est légalement réalisée à l'étranger, elle permet la reconnaissance du lien de filiation à l'égard du parent ayant donné ses gamètes ou à l'égard du parent d'intention appelé père ou mère légal[426].

74. La dernière loi sur la bioéthique en France est loi n°2021-1017 du 2 août 2021. Toujours dans ce pays, l'Assemblée nationale a voulu faire inscrire un nouvel article 66-2 dans la Constitution selon lequel : « la loi garantit l'effectivité et l'égal accès au droit à l'interruption volontaire de grossesse »[427]. Quant au Sénat, il voulait inclure à l'article 34 de la Constitution la phrase suivante : « La loi détermine les conditions dans lesquelles s'exerce la liberté de la femme de mettre fin à sa grossesse ». En effet, la bioéthique agite des questions telles que l'avortement, l'eugénisme[428], l'euthanasie (droit à l'euthanasie), l'identité de genre[429], la problématique de la réparation des dommages subis par l'enfant né à la suite d'une faute médicale, la consommation

---

424 "*toute convention portant sur la procréation ou la gestation pour le compte d'autrui est nulle*"

425 Les dispositions du présent chapitre sont d'ordre public. Pour information, ledit chapitre est relatif au respect du corps humain.

426 DOUCHY-OUDOT Mélina, *op.cit.*, p.469.

427 Sénat, prop. de loi n° 143, 24 nov. 2022 adoptée par l'Assemblée nationale.

428 Il est sanctionné par l'article 16-4 du Code civil qui dispose : « Nul ne peut porter atteinte à l'intégrité de l'espèce humaine. Toute pratique eugénique tendant à l'organisation de la sélection des personnes est interdite ». Il faut dire qu'en 2022, le Comité consultatif national d'éthique a rendu un avis sur la question du transhumanisme.

429 La France a voté en 2022 une loi n°2022-92 du 31 janvier 2022 et partant, institué dans le Code pénal, un nouvel article 225-4-13 sanctionnant des comportements ou propos répétés visant à modifier ou à réprimer l'orientation sexuelle ou l'identité de genre.

de produits psychoactifs, le refus de soins, la conservation de gamètes ou leur exportation, le droit d'accès aux origines pour les enfants nés d'une assistance médicale à la procréation, l'adoption de couples non mariés[430], la gestation pour autrui, la recherche sur la personne humaine, sur les embryons et les cellules souches, la fin de vie (assistance au suicide, les directives anticipées)[431].

75. En somme, il est permis d'affirmer qu'au Sénégal, la question de la fin de vie ne semble guère préoccuper le législateur car la réponse semble évidente : on ne saurait aider quelqu'un à mettre fin à ses jours ; le faire équivaudrait à un meurtre ou assassinat punis par la loi[432]. De même, quand on sait que le « respect de la vie et de la personne humaine » sont bien inscrits au fronton du Code de déontologie médicale[433], on ne peut passer outre. En effet, l'acharnement thérapeutique (obstination déraisonnable), la sédation, les soins palliatifs, l'aide active à mourir, les directives anticipées, le suicide assisté et l'euthanasie, sont des notions ou concepts inconnus du droit sénégalais[434].

---

[430] Au Sénégal, on ne conçoit l'adoption que par des personnes de sexe différent à savoir un homme et une femme (article 6, 224 du Code de la famille).

[431] V. Pour toutes ces problématiques BYK Christian, « Bioéthique » La Semaine Juridique Edition Générale n° 07, 20 février 2023, doctr. 261.

[432] V. Les articles 280 et s du Code pénal.

[433] Article 2 du Code de déontologie médicale.

[434] V. DJUIKO Sylvie Ngamaleu, « Les législateurs africains et le PMA : le cas de la procréation *post-mortem* », *in* Mélanges offerts à Isaac Yankhoba Ndiaye, pp.955-973 ; CAIRE Anne-Blandine, « L'insémination *post-mortem patris* devant la Cour européenne des droits de l'homme », Recueil Dalloz, 2023, p.716.

Au-delà de la bioéthique, le particularisme du droit français demeure visible en matière de conjugalité.

B-Les formes de conjugalité ou la question du sexe comme condition de formation de l'union conjugale

76. Le civiliste s'intéresse à la conjugalité car elle est au cœur du droit des personnes et de la famille, matière qui relève du droit civil. Il y porte une attention particulière en raison de l'évolution qu'elle a subie[435]. En effet, le Code civil n'avait pris en compte que le couple marié. Ce faisant, le seul modèle qui prévalait était le mariage justifiant l'élaboration des règles de la famille sur ce référentiel. C'est à partir de la loi n°99-944 du 15 novembre 1999 relative au PACS que le Code civil a prévu la situation du couple hors mariage formé de deux concubins ou de deux partenaires liés par un PACS. Cette loi qualifie le concubinage de situation de fait. Il a pu être défini par l'article 515-8 du Code civil comme une union de fait, caractérisée par une vie commune présentant un caractère de stabilité et de continuité, entre deux personnes, de sexe différent ou de même sexe, qui vivent en couple. Enfin, par la loi n°2013-404 du 17 mai 2013, le mariage est désormais contracté entre deux personnes de sexe différent ou de même sexe[436].

77. Au Sénégal et dans la plupart des pays africains, non seulement le concubinage, vie en commun hors les liens du mariage est interdit[437], mais également l'homosexualité

---

[435] MIRABAIL Solange, « Conjugalité et répression », Recueil Dalloz, 2023, p.402.

[436] Article 143 du Code civil : « Le mariage est contracté par deux personnes de sexe différent ou de même sexe ».

[437] M'BACKE Mouhamadou Moctar, « De la protection de la femme et de l'enfant dans le Code sénégalais de la famille », RSD, 1973, n°13, p.37 ; V.

(liberté sexuelle) et partant, le mariage entre deux personnes de même sexe et ce, au regard de l'article 111du Code de la famille en vertu duquel : « le mariage ne peut être contracté qu'entre un homme âgé de plus de 18 ans et une femme âgée de plus de 16 ans ». Quant aux personnes transgenres (droit à l'identité de genre), leur situation est loin d'être envisagée. C'est pourquoi, le Professeur Papa Talla Fall a écrit ceci : ce

---

Contra BIAYE DIA Fatoumata Bintou, « Réflexions sur l'action en réparation de la concubine en droit sénégalais », Annales Africaines 2017, Volume 2, n°7, p.140. Selon l'auteur, en déclarant irrecevable l'action en justice de la concubine, le juge opère une confusion entre la recevabilité et le bien-fondé de la prétention. Il est vrai que aussi bien le juge français que celui de certains pays africains (Arrêt de la Cour d'Appel de Cotonou du 30 janvier 1959) n'ont jamais rejeté *ipso facto* l'action en justice de la concubine. Ils exigeaient que la victime médiate apportât la preuve d'une « communauté d'existence ». Seulement, dans la mesure où avant que le juge ne statue sur le bien-fondé de la prétention, il doit régler le préalable de la recevabilité qui en l'espèce s'apprécie à travers l'intérêt à agir, le respect des délais de prescription mais surtout la qualité à agir qui malheureusement fait défaut. A notre avis, même si dans un arrêt (Arrêt A-L.M. Fourrage c/ G.-J-M. Abiven, Chambre civile et commerciale du 20 novembre 2019, arrêt n°87) la Cour suprême du Sénégal a reconnu les effets d'un PACS dissout en France au Sénégal, l'action de la concubine ne sera pas déclarée recevable de sitôt non seulement pour défaut d'intérêt légitime, mais également pour défaut de qualité. Pour revenir à l'arrêt précité, relevons que la Cour suprême du Sénégal a cassé le jugement du tribunal en se basant sur les articles 100 et 368 du Code de la famille : que le régime matrimonial ne peut se concevoir que dans l'institution du mariage, à l'exclusion de tout autre lien ». En effet, le juge s'est basé sur l'article 851 alinéa 1er pour casser le jugement pour violation de la loi et ensuite renvoyer l'affaire devant le Tribunal de grande Instance de Dakar. Deux leçons à tirer de cette décision. D'abord, précision que la position du juge est claire : le mariage est une institution. Ensuite, le fait pour un juge de ne pas statuer sur ce qui ne lui a pas été demandé constitue un cas d'ouverture à cassation. Pour plus de commentaires, DIOUF Abdoul Aziz, NDIAYE El Hadji Samba, « Le juge sénégalais et les effets de la dissolution d'un PACS intervenue en France (Cour suprême du Sénégal, Chambre civile et commerciale, 20 novembre 2019, arrêt n° 87, A. - L .- M . Fourrage c / G. - J.- M. A b i v e n), RCDIP, 2021/1, pp. 223 à 235.

débat autour de l'identité s'explique certainement par l'exacerbation d'une société de plus en plus individualiste et par les progrès de la science en général et de la médecine en particulier. Un tel débat revêt encore un intérêt marginal dans le continent africain »[438].

Une autre situation qui ne donnera lieu pour l'instant qu'à un débat d'ordre théorique au Sénégal et en Afrique subsaharienne est la problématique du sexe neutre.

C-La problématique du sexe neutre

78. C'est une problématique ignorée du droit sénégalais, contrairement au droit français où elle a donné lieu à une saga judiciaire[439]. Cependant, si la position du juge français, suivi en cela pour la Cour Européenne des droits de l'homme est au rejet de la demande des personnes intersexuées[440], telle

---

[438] FALL Papa Talla, « Les droits de l'homme dans la famille », *in* Famille, genre et société, Revue Sénégalaise de droit et science politique, 2015-2016, n°13, p.138.

[439] Etait en jeu l'article 57 du Code civil. Ainsi, faisant une interprétation littérale de cette disposition, le Tribunal de Grande instance de Tour a accédé à la demande de Y car selon lui, il s'agissait tout simplement de lui délivrer un « document d'identité » et non de créer une troisième catégorie de genre. La Cour d'Appel d'Orléans, le 22 mars 2016 a infirmé le jugement. Le 04 mai 2021, la Cour de cassation a confirmé la position de la Cour d'Appel.

[440] Pour la Cour de Strasbourg, l'enjeu dans la question de l'identité de genre c'est l'indisponibilité de l'état des personnes ainsi que la nécessité de préserver la cohérence et la sécurité des actes de l'état civil. C'est pourquoi, dans sa décision du 31 janvier 2023, elle a estimé que la France n'avait pas violé l'article 8 de la Convention Européenne des droits de l'homme. Ainsi, « en l'absence de consensus européen en la matière, il convient, s'agissant d'une question de société, de laisser à l'État le soin de déterminer à quel rythme (...) il convient de répondre aux demandes des personnes intersexuées ». V. Pour une vision critique de la décision de la Cour de Strasbourg, MORON-PUECH Benjamin, « L'affaire du sexe neutre : une illustration de la régression des droits humains en Europe », Recueil Dalloz

n'est pas l'attitude des juges nationaux allemands, belges et autrichiens.

Une autre forme de résistance du législateur sénégalais ainsi que de ses homologues africains demeure l'adoption de texte mettant en relief l'identité africaine.

Paragraphe 2 -DES LÉGISLATEURS PRÉSERVANT L'ESSENCE DE L'IDENTITÉ AFRICAINE

79. L'une des caractéristiques de l'identité africaine est d'avoir réussi à maintenir tant bien que mal une société phallocratique qui ne signifie guère négation de la réalité des sociétés matrilinéaires en Afrique[441]. De plus, bien que plus prononcé dans ledit Continent, le patriarcat est présent dans des sociétés dites « plus évoluées ». Comme le fait remarquer si bien un auteur : « nous savons aujourd'hui, sans l'ombre d'un doute, que la domination masculine est un fait avéré, dans toutes les sociétés de la planète, y compris celles qui se disent « sociétés avancées », expression qui ne manquera pas d'être questionnée dans un avenir proche, lorsque nos descendants auront compris quel monde nous leur laissons à

2023, p.400 ; du même auteur, « Sexe neutre » à la Cour européenne : l'art du syllogisme inversé ? La Semaine Juridique Edition Générale n° 07, 20 février 2023, act. 232.

[441] Selon la parenté matrilinéaire, le droit est transmis par les femmes. V. BINET J, « Étude sur les systèmes successoraux du Sénégal », PENANT, 1965, n°708-709, p.557. L'auteur non seulement opère une distinction entre la parenté matrilinéaire et le matriarcat, mais précise qu'au Sénégal, il existe des sociétés à la fois patrilinéaire et matrilinéaire (spécialement p.554). *Adde* M'BAYE Kéba, « Le régime des terres au Sénégal », *in* Le droit de la terre en Afrique (au Sud du Sahara), Études préparées à la requête de l'Unesco EDITIONS G.-P. MAISONNEUVE ET LAROSE, 1971, p.141.

la fin du XXIe siècle, la plupart d'entre nous à notre corps défendant »[442]. Dans les textes, l'identité africaine est préservée par la prédominance d'une société patriarcale (A) et la possibilité offerte exclusivement à l'homme de faire un choix (B).

A-La prédominance dans les textes d'une société patriarcale

80. Cette prédominance se manifeste aussi bien dans l'acquisition de droits (1) que dans l'acquittement de devoirs (2) par le mari, sans oublier le privilège de masculinité dans le partage successoral (article 637 du Code de la famille)[443]. Toute la question est de savoir si ce système va survivre au temps. Le doute est permis selon le Professeur Abdoul Aziz DIOUF[444].

1-Le patriarcat en termes de droits

81. À côté des droits et devoirs réciproques des époux à savoir la communauté de vie, la fidélité, le secours et l'assistance, le législateur sénégalais a consacré des *droits et devoirs particuliers* au mari. Ainsi, celui-ci est non seulement le chef de famille[445] (a), mais également, le choix de la

---

[442] PERUISSET-FACHE Nicole, *Femmes de tous pays… libérons-nous du patriarcat* ! L'harmattan, 2021, p.7.

[443] V. FALL Papa Tall, « Les droits de l'homme dans la famille », *op.cit.,* p.145.

[444] DIOUF Abdoul Aziz, « L'institution familiale, le discours juridique et l'ordre social : une critique du dogme patriarcal », Mélanges en l'honneur du Professeur TOMASIN, Dalloz, 2022, p.627.

[445] Au Mali, l'article 316 du Code des personnes et de la famille précise que la femme doit obéissance au mari et ce dernier protection à sa femme. Quant à l'article 319 du même Code, il taille au mari des habits de « chef de famille ».

résidence du ménage lui échoit quasiment exclusivement[446] (b). Sans oublier le fait que l'enfant légitime porte le nom du mari[447]. Sur cette question, on ne peut manquer de souligner l'évolution de certains législateurs africains tels que celui béninois qui, à la faveur de la réforme intervenue en 2021, permet, lorsque la filiation est établie à l'égard des deux parents, à ces derniers, de choisir le nom de famille dévolu à l'enfant. Ce peut être celui du père ou de la mère ou les deux[448]. Pareille évolution peut être constatée dans le cadre du choix du domicile conjugal. Ainsi, aux termes de l'article 152 du Code béninois des personnes et de la famille[449], le choix du domicile du ménage incombe aux époux. Il ne faudrait cependant pas conclure à l'existence d'une égalité parfaite entre époux car le législateur fait tôt de porter lui-même atteinte à la collégialité sus-évoquée en prévoyant dans

---

[446] En Côte d'Ivoire, le domicile de la famille est choisi d'un commun accord par les époux.

[447] Article 3 du Code de la famille. V. Sur cette question Mamadou Niang selon qui : « le législateur voulant créer une famille homogène rétablit le critère d'appartenance du Code civil. (…) Cette coutume patrilinéaire de la famille est non seulement conforme à l'islam, mais à la tradition qui conférait au « *guenio* » un rôle important dans la succession au nom. Voilà donc rétabli par le projet l'unicité de la famille par l'exercice de l'autorité paternelle ». NIANG Mamadou, « Structures parentales et stratégie juridique du développement en Afrique noire (étude appliquée aux Wolof du Sénégal) », RSD, 1972, n°11, p.76.

[448] Article 6 nouveau issu de la loi n°2021-13 du 20 décembre 2021 modifiant et complétant la loi n°2002-07 du 24 août 2004 portant code des personnes et de la famille. V. En droit français, la loi n°2022-301 du 2 mars 2022 relative au choix du nom issu de la filiation. V. CAROLE Petit, « Se confronter (enfin) à la question de la suppression de la prééminence du nom du père, pour une cohérence du Droit », La Semaine Juridique, G, n°16, 24 Avril, 2023, Doct 523.

[449] Cette disposition n'a pas été modifiée par la loi n°2021-13 du 20 décembre 2021 modifiant et complétant la loi n°2002-07 du 24 août 2002 portant Code des personnes et de la famille.

la même disposition qu'« en cas de désaccord, le domicile est fixé par le mari » sous réserve que la femme obtienne une autorisation judiciaire de domicile séparé si elle rapporte la preuve que celui choisi par le mari présente un danger d'ordre matériel ou moral pour elle ou pour ses enfants[450].

a-Le mari, chef de famille

82. Pareille « intronisation » peut se constater, à l'examen de l'article 152 du Code de la famille qui dispose que : « Le mari est le chef de la famille, il exerce ce pouvoir dans l'intérêt commun du ménage et des enfants ». D'abord, une distinction doit être opérée entre le ménage et les enfants. Ce faisant, le législateur sénégalais fait du mari le chef, que l'on soit dans l'hypothèse d'un mariage dans lequel les époux sont sans enfant ou dans celui où subsistent des enfants. En outre, sur le plan de la *légistique*, l'identité d'intitulés entre l'article 152 et 156 peut interroger. Mais à la décharge du législateur, on peut affirmer que lors de l'adoption du Code de la famille, les préoccupations portaient plus sur la mise en place d'un texte unificateur, qui satisfasse ou soit « conforme » aux représentations de la population sénégalaise dans toute sa diversité que sur une « coquetterie de style ». D'ailleurs, il ne faudrait pas oublier que le Code de la famille est un Code de

---

[450] FANOU Félix, « L'autorité parentale en droit béninois de la famille », Annales Africaines, Janvier 2020, spécial, p.440. *Adde* FALL Papa Talla, « Les droits de l'homme dans la famille », *op.cit.*, p.143. note de bas de page 31. Se référant à l'article 15 du Code béninois des personnes et de la famille ayant le même contenu que l'article 156 du même Code, l'auteur affirme que si cette disposition pose le principe de la fixation du domicile conjugal d'un commun accord par les époux, il reste qu'elle prévoit qu'en cas de désaccord, le choix du domicile revient au mari. Ce qui fait qu'on revient au principe de la prééminence du mari en cas de désaccord entre époux.

compromis[451] tout comme le Code civil a été une loi de compromis entre l'Ancien régime et la révolution[452]. Dans tous les cas, force est de noter que certains pays Africains tels que le Togo, le Congo (RDC), Bénin et la Côte d'Ivoire ont consacré l'autorité parentale à la place de la puissance paternelle[453]. Dans ce dernier pays cité, la loi n°2013-33 du 25 janvier 2013 portant abrogation de l'article 53 et modifiant les articles 58, 59, 60 et 67 de la loi n°64-375 du 07 octobre 1964 relative au mariage telle que modifiée par la loi n°83-800 du 2 août 1983 précise que la famille est gérée conjointement par les époux dans l'intérêt du ménage et des enfants (article 58 nouveau). De même, les époux contribuent aux charges du ménage à proportion de leurs facultés respectives[454].

---

451 V. NDIAYE Ndeye Coumba Madeleine, « La notion de famille en droit sénégalais : réflexions sur l'approche d'un « Code de compromis », *in* Le droit africain à la quête de son identité, Mélanges Isaac Yankhoba Ndiaye, *op.cit.*, pp.891-920. *Adde* BA Mody Coumba, « Réflexions sur les successions musulmanes au Sénégal », *in Religion, philosophie et droit*, RJPIC, n°2, Avril-Juin 1984, p.388 selon qui « Ce code n'est pas parfait et nous en avons conscience mais il constitue un compromis très acceptable et chaque Sénégalais doit pouvoir y « trouver son compte ».

452 CARBONNIER Jean, *Sociologie juridique*, *op.cit.*, p.80.

453 L'ordonnance n°80-16 du 31 janvier 1980 portant Code des personnes et de la famille définit à l'article 233 l'autorité parentale et précise à l'article 238 que celle-ci est exercée en commun par les père et mère pendant le mariage. V. Sur cette question, SOW SIDIBE Amsatou, « La codification du droit de la famille dans les États d'Afrique francophone au Sud du Sahara : Exemple du Sénégal », *in La Codification juridique dans les pays francophones,* Droit Sénégalais, 2008, n°7, p.216.

454 Comment déterminer cette part quand on sait que la non-exécution est susceptible d'entraîner des poursuites ?

b-Les pouvoirs quasi-exclusifs du mari dans le choix de la résidence du ménage

83. Aux termes de l'article 153 du Code de la famille : « Le choix de la résidence du ménage appartient au mari ; la femme est tenue d'y habiter avec lui et il est tenu de l'y recevoir ». Ici encore, le législateur taille une place de choix au mari, qui est celui de choisir le lieu où le couple va vivre et la femme n'a d'autre possibilité que de l'y suivre sauf celle qui s'offre à elle de démontrer que cette résidence présente un danger pour la famille ; preuve pas aisée à rapporter. Mais alors, la « famille » visée à l'article 153 précité ne concernerait-elle que la femme et ses enfants ? L'impression qui se dégage est que cette disposition vise l'hypothèse où la femme et ses enfants seraient victimes de tortures ou violences physique ou morale de la part de son mari. Et que se passerait-il si c'est le mari qui est la victime ? Aurait-il les mêmes possibilités que sa femme ? Rien ne devrait à notre avis s'y opposer. Mais le danger peut être couru par le mari, la femme, leur progéniture notamment quand la résidence choisie ne présente pas ou plus toute la quiétude nécessaire au bonheur familial[455] car il n'est pas rare de voir un couple héberger les membres de leurs familles ou habiter dans une maison familiale. Et quand on connaît les tensions qui peuvent subsister et qui sont monnaie courante, le danger visé à l'article 153 du Code de la famille est loin d'être une vue de l'esprit.

---

[455] Sur la notion de bonheur en droit de la famille, V. FANOU Félix, « L'expression du bonheur en droit béninois de la famille, Annales Africaines ; du même auteur, « L'autorité parentale en droit béninois de la famille », La lettre juridique n°763 du 29 novembre 2018 : Droit de la famille.

Étant réel dans l'exercice des droits subjectifs, le patriarcat demeure également visiblement en termes d'obligations.

2-Le patriarcat en termes d'obligations ou la question des charges du ménage

84. Une des sources des difficultés que connaissent les ménages africains vient de la répartition des charges du ménage. C'est sur le mari que pèse l'obligation de fournir l'argent nécessaire pour acheter la nourriture. C'est lui qui doit habiller la famille[456]. En revanche, on se rend compte que les biens de la femme lui sont propres[457]. La question des biens réservés ainsi que celle des charges du ménage interroge sur la solidarité imposée par l'article 151 du Code de la famille en ces termes : « Les époux se doivent soins et assistance réciproques pour la sauvegarde des intérêts moraux et matériels du ménage et des enfants » et nous amène à nous poser une question toute simple : dans l'hypothèse où l'épouse a plus de moyens que l'époux, qui doit contribuer le plus ? Du point de vue légal, il n'y a pas débat. Mais dans les faits, pareille situation est réglée par les époux et ce, en tenant compte de la solidité de leur couple certes, mais également du degré de foi de ceux-ci.

85. La possibilité donnée à l'homme de choisir au moment de se marier entre polygamie ou monogamie, aux époux de

---

[456] M'BAYE Kéba, « Droit et développement en Afrique francophone de l'Ouest », *in* Les aspects juridiques du développement économique, Dalloz, 1966, p.152.

[457] V. L'article 390 alinéa 2 du Code de la famille dispose que chacun des époux gère seul ses biens, sans distinction selon leur nature, leur origine ou leurs conditions d'acquisition. V. DIENG Françoise, « Réflexions sur l'article 390 alinéas 1et 2 du Code de la famille », Nouvelles Annales Africaines, 2008, n°2, p.164.

se marier en stricte observation d'une forme de mariage (une coutume en usage au Sénégal) constitue une preuve de la résistance du droit sénégalais au modèle français. La première parce qu'elle rompt l'égalité entre l'homme et la femme, la seconde hypothèse quant à elle instaure un pluralisme en matière matrimoniale, lequel est observable en matière successorale.

B-L'option, symptôme de la résistance légale

86. Dans le droit sénégalais de la famille, l'option est omniprésente : en matière de régimes matrimoniaux[458], en matière successorale[459]. Dans la présente étude, nous mettrons l'accent sur l'importance de l'option relativement à la forme du mariage, au nombre d'épouses (1) et au système de dévolution successorale (2).

1-Au moment du mariage

87. Si les coutumes générales et locales ont été abrogées, les statuts particuliers applicables au Sénégal, ont cessé d'avoir force de loi ou de coutumes dans les matières qui font l'objet du Code de la Famille, ont cependant été gardées sauves, les formalités consacrant traditionnellement le mariage (a). De même, la polygamie, n'a pas été supprimée dans certains pays d'Afrique tels que le Sénégal (b).

a-La validité du mariage coutumier

88. Aux termes de l'article 114 du Code la famille : « selon le choix des futurs époux, le mariage peut être célébré par l'officier de l'état civil ou constaté par lui ou son délégué, dans les conditions prévues par la loi. Le mariage ne peut être

---

[458] V. L'article 368 alinéa 2 du Code de la famille.

[459] L'option des héritiers par exemple.

constaté que lorsque les futurs époux observent une coutume matrimoniale en usage au Sénégal ». Rappelons que l'article 114 alinéa 1er du Code de la famille a été présenté comme un texte à surprises[460]. En effet que signifie « observer une coutume » ? Sur cette question et comme à l'accoutumée dans la science juridique, les avis étaient partagés. Pour Guy Kouassigan, les futurs époux qui observent une coutume matrimoniale en usage au Sénégal sont ceux qui, en raison de leur origine, de leur tradition et de leur milieu social, appartiennent à des communautés ethniques régies par le droit traditionnel auquel ils demeurent attachés[461]. En revanche, pour Serge GUINCHARD, observer une coutume ne signifie pas vivre conformément à celle-ci, mais respecter exclusivement au moment de la conclusion de l'union les règles posées par les coutumes. Enfin, Abdel Kader Boye suggère de rendre au mariage coutumier sa véritable nature à savoir un mariage confessionnel[462]. À notre avis, le choix par les époux d'une coutume matrimoniale en usage au Sénégal est irrévocable et rythme la vie de ceux-ci jusqu'à la dissolution de leur lien matrimonial, qu'ils appartiennent à la même ethnie ou pas.

---

[460] NDIAYE Isaac Yankhoba, « Étude critique de l'article 114 alinéa 1er du Code de la famille », EDJA, 1994, n°23, pp.7 et s.

[461] KOUASSIGAN Guy, « Des conflits interpersonnels et internationaux de lois et de leurs incidences sur la forme du mariage en Afrique francophone. Réflexions à partir de l'expérience sénégalaise noire, Rev. Crit, 1978, p.646 et s cité par NDIAYE Isaac Yankhoba, « L'envers du droit traditionnel dans le code de la famille », *op.cit.*, pp.42-43.

[462] BOYE Abdel Kader, « Les mariages mixtes en droit international privé sénégalais, NEA-CREDILA, 1981, p.54 ; NDIAYE Isaac Yankhoba, « Étude critique de l'article 114 alinéa 1er », *op.cit.,* pp.12 et s.

Cependant, au regard des articles 146 et 168 du Code de la famille, toute une stratégie est adoptée pour accorder la primeur au mariage célébré. C'est parce que pour le législateur sénégalais, il s'est agi, au-delà de la preuve de l'état des personnes, d'édifier un état civil digne de ce nom[463]. Contrairement à la résidence du ménage, le choix de la forme du mariage est conjoint. Ainsi, si les époux décident d'inscrire leur union sous l'empire de la coutume, ce devrait être une « coutume matrimoniale en usage au Sénégal ». Cette dernière précision voudrait signifier qu'au travers d'un texte, le législateur ait pris le soin de lister les diverses coutumes en vigueur au Sénégal ; ce qui fut d'ailleurs fait au lendemain des indépendances[464]. Il peut arriver que parmi les époux ayant choisi de se marier suivant la coutume, l'un ne parle pas suffisamment le français. Dans ce cas, l'officier de l'état civil peut, au besoin, faire appel à un interprète majeur, sachant lire et écrire, qui signera les actes en qualité de témoin instrumentaire.

La validité du mariage coutumier ne constitue pas le seul signe de prise en compte par le législateur sénégalais de la coutume. Il y a en outre la polygamie.

---

463 NIANG Laity, *op.cit.*, p.245.

464 Arrêté du 28 février 1961. Sur l'illégalité de cet arrêté, V. NDIAYE Isaac Yankhoba, « L'envers du droit traditionnel dans le Code de la famille », *op.cit.*, p.43. Les termes du problème tiennent au fait que l'article 14 de l'ordonnance n° 60-56 du 14 novembre 1960 fixant l'organisation judiciaire de la République du Sénégal, ainsi que les principes fondamentaux applicables aux litiges de droit privé qui servait de fondement à l'arrêté du 28 février 1961 a été abrogé par l'article 830 du Code de la famille. V. Sur cette question, GUINCHARD Serge, « Le mariage coutumier en droit sénégalais », Revue internationale de droit comparé, Vol. 30 N°3, Juillet-septembre 1978, p.824, n°39.

b-La survivance de la polygamie

89. Le lecteur doit savoir, malgré l'audace de la législation, que la polygamie, institution séculaire à laquelle le temps et les habitudes ont donné force de loi, ne choque en rien la vie quotidienne des peuplades de nos régions. En effet, sous peine de bouleverser les structures sociales, base de l'organisation économique de nos campagnes, elle ne pouvait être déracinée de sitôt et l'on constatera que le législateur, tout en l'admettant, s'efforce de la limiter au maximum et d'en corriger seulement les excès[465]. Pourtant, en Côte d'Ivoire, la polygamie a été interdite de même qu'au Bénin[466]. Certainement en raison du fait que cette institution est la plus contraire à la conception occidentale du mariage[467].

---

[465] BOUBOU Dicko Ousmane, « Le mariage et le divorce au Mali », PENANT, 1965, n°707, p.319 ; MELONE Stanislas, « Le poids de la tradition dans le droit africain contemporain (A propos du phénomène polygamique au Cameroun et de ses prolongements juridiques) », PENANT, 1971, n°734, p.423. L'auteur écrit ceci : « la définition de la polygamie est aussi nécessaire pour ceux des pays, qui, comme le Cameroun, n'ont pas une hostilité de principe à l'égard de la coutume ». Plus loin, il renchérit : « Peu importe d'ailleurs la vérité historique ou scientifique ; constatons seulement qu'à l'heure actuelle la polygamie se pratique à une très vaste échelle, qu'elle a même tendance à augmenter non seulement sur le plan général, mais aussi selon la pyramide sociale ». *Adde*, MANDE-DJAPOU Joseph, « La polygamie et le droit pénal centrafricain », PENANT, 1978, n°759, p.69 (Apanage avéré des sociétés dites primitives, elle a acquis un droit de cité dans la société centrafricaine).

[466] Aux termes de l'article 143 issu de la loi n°2002-07 du 24 août 2002 portant Code des personnes et de la famille, seul le mariage monogamique est reconnu. Cette disposition n'a pas été modifiée par la loi n°2021-13 du 20 décembre 2021 modifiant et complétant la loi n°2002-07 du 24 août 2004 portant code des personnes et de la famille.

[467] ABITBOL (E), « La famille conjugale et le droit nouveau du mariage en Côte d'Ivoire », PENANT, 1966, n°713-714, p.455.

En droit sénégalais, un époux peut choisir entre la monogamie ou la polygamie limitée ou pas. En effet, le principe retenu par le Code de la famille est de maintenir la polygamie tout en encourageant la monogamie[468]. Et ce choix est mentionné, au même titre que celui portant sur le régime matrimonial, dans l'acte de mariage[469]. Il est mieux mis en exergue à l'article 133 du Code de la famille. Malgré sa limitation à quatre épouses, résultant plus d'une observation d'une prescription religieuse[470] plutôt que d'une tentative d'éviction de la pratique, la polygamie a bien survécu au coup de boutoir subi par la famille africaine. Et d'ailleurs, pour mettre en évidence cette survie, n'est-ce pas meilleur exemple que celui qui consiste à se référer à l'article 133 du Code de la famille en vertu duquel à défaut d'option entre la polygamie ou monogamie, c'est le premier régime qui s'applique ? C'est dire que le législateur sénégalais, conscient de la solidité de l'institution polygamique dans un pays à majorité musulmane a voulu s'entourer de précautions dans toute intervention[471], en faisant de ladite institution, le régime de droit commun.

90. L'option de polygamie met en relief plusieurs questions telles que celle de l'émancipation de la femme, de l'effectivité de l'égalité de traitement (la « résidence », la « communauté de vie »), du devoir de fidélité et du régime

---

468 NIANG Mamadou, « Structures parentales et stratégie juridique en Afrique noire francophone (étude appliquée aux Wolof du Sénégal », RSD, 1972, n°11, p.78.
469 Article 65 du Code de la famille.
470 Sourate 4 « Les femmes », Verset 3 du Coran : « (…) Il est permis d'épouser deux, trois ou quatre parmi les femmes qui vous plaisent, mais si vous craignez de n'être pas juste avec celles-ci, alors une seule ».
471 NIANG Mamadou, *op.cit.*, p.78.

matrimonial subséquent. En effet, l'émancipation de la femme est actuellement un problème africain d'une brûlante actualité. Or l'émancipation de la femme est évidemment liée à la polygamie[472]. En outre, dans un mariage polygamique, étant donné que le choix de la résidence appartient au mari, celui-ci doit-il avoir une résidence pour chaque épouse où tous, mari et femmes, devront-ils vivre sous le même toit ? Dans la pratique, les deux situations s'observent et il ne viendrait à l'esprit d'aucune épouse de verser dans la chicane, en se livrant à une interprétation tendancieuse de l'article 153 du Code de la famille. C'est dire que même dans un mariage polygamique, l'égalité de traitement ne saurait être une vue de l'esprit.

Dans le cadre d'une polygamie limitée ou non à quatre épouses, il serait difficile à l'une ou à toutes si elles sont deux ou trois, de démontrer l'infidélité de leur mari[473]. Enfin, relevons que l'option pour la polygamie entraine *ipso facto* application du régime de la séparation des biens.

91. Si concernant la matière successorale et la polygamie on note une prise en compte de la coutume, concernant la matière successorale, c'est l'emprise du fait religieux qui mérite d'être relevé. Comme l'écrivait le professeur Isaac

---

[472] M'BAYE Kéba, « Droit et développement en Afrique francophone de l'Ouest », *op.cit.,* p.151 ; La survivance du droit coutumier : la sempiternelle place de la femme (CABRILLAC Rémy, *La codification*, *op.cit*., p.297).

[473] NDIAYE Isaac Yankhoba, « L'envers du droit traditionnel dans le code de la famille », *op.cit.*, p.45 : « un autre effet pervers de l'admission de la polygamie, c'est d'opérer un relâchement de l'obligation de fidélité. En effet, sous réserve du délit d'adultère (articles 329 du Code pénal et 166 du Code de la famille), il paraît difficile de reprocher au mari polygame un manquement à son obligation de fidélité ».

Yankhoba Ndiaye, c'est en matière successorale que les résistances du droit musulman sont les plus fortes. Le législateur n'a pas pu soumettre tous les citoyens sénégalais aux mêmes règles. Le Code de la famille opère en effet une séparation entre « les successions ab intestat de droit commun » (articles 515 à 570) et « les successions de droit musulman » (articles 571 à 653)[474].

2-En matière successorale

92. François Gény, dans un de ses écrits a opéré une distinction entre le donné et le construit[475]. Le législateur sénégalais, lorsqu'il devait légiférer en matière de droit de la famille, a été confronté à une donnée notamment le fait que la majeure partie de la population sénégalaise soit de confession musulmane. Il fallait donc produire la norme en tenant compte de cette réalité. D'où toute la raison d'être et l'intérêt des successions de droit musulman dans le Code de la famille. L'un des textes les plus commentés et discutés des successions de droit musulman est l'article 571 du Code de la famille qui dispose : « Les dispositions du présent titre s'appliquent aux successions des personnes qui, de leur vivant, ont, expressément ou par leur comportement, indiscutablement manifesté leur volonté de voir leur héritage dévolu selon les règles du droit musulman ». Pourtant pour un auteur, l'article précité est « rédigé en termes clairs et précis » et « ne pose aucune difficulté de compréhension »

---

[474] NDIAYE Isaac Yankhoba, « L'envers du droit traditionnel dans le code de la famille », *op.cit.*, p.49.
[475] V. DABIN Jean, *Théorie générale du droit, op.cit.,* pp.119-161.

contrairement à son application pratique[476]. Il appartient donc au juge, suivant cette dernière remarque, de démêler l'écheveau.

93. La résistance des droits africains au modèle juridique français s'observe également dans les faits.

SECTION II-UNE RÉSISTANCE PERCEPTIBLE DANS LES FAITS

94. Quelle perception a-t-on en Afrique du mariage et de la mort ? Cette question irrigue les développements qui vont suivre. Le mariage dans le Continent susvisé, est un accord entre deux familles d'où leur implication dans sa formation, laquelle justifie les festivités qui, aux yeux de l'européen ou de l'homme moderne, pourraient être perçues comme un gaspillage (Paragraphe 1). Sur un autre registre, l'occasion nous est offerte d'examiner les fonctions du lévirat et du sororat (Paragraphe 2).

Paragraphe 1-LA FORMATION DU LIEN MATRIMONIAL

95. Le lien matrimonial, à l'instar de la parenté et de l'alliance est un élément constitutif de la famille[477]. Quelle est sa nature juridique ? Un contrat, une institution ? Quel est son fondement : le consentement des époux ou celui de la famille ? Telles sont les questions qui seront abordées dans ce paragraphe. C'est ainsi qu'on note une implication forte des

---

[476] BA Coumba Mody, « Réflexions sur les successions musulmanes au Sénégal », *in* Religion, philosophie et droit, RJPIC, n°2, Avril-Juin, 1984, p.387.

[477] NIANG Bachir, « Solidarités familiales et prise en charge des vulnérabilités économiques en droit sénégalais de la famille », Nouvelles Annales Africaines, 2011, n°2, p.236.

familles lors du mariage (A) et une importance capitale de la dot, institution à la nature très discutée (B)

A-Le rôle prégnant des familles lors du mariage

96. Même si on ne se passe pas forcément comme autrefois du consentement de la jeune fille à marier, il faut reconnaître que jusqu'ici (…) le père de famille ou le tuteur matrimonial, en la personne de l'oncle paternel, après consultation du conseil de famille, accorde la main de la fille en se basant soit sur des critères d'honorabilité de la famille du prétendant, soit sur des critères de rentabilité[478]. Dans les deux cas et ce, quelle que soit la motivation, le mariage est bel et bien une union entre deux familles[479]. Avant l'accès du Sénégal à l'indépendance, le juge indigène avait fait de l'accord unanime de tous les membres de la famille de la

---

[478] M'BACKE Mouhamadou Moctar, « De la protection de la femme et de l'enfant dans le code sénégalais de la famille », RSD, 1973, n°13, p.34.

[479] V. Sur cette question Dominique SARR selon qui : « le mariage (…) dans la société traditionnelle est un lien qui se noue entre deux familles » ; SARR Dominique, « Jurisprudence des tribunaux indigènes du Sénégal, les causes de rupture du lien matrimonial », *op.cit.*, p.144. Précisons que ce qui vaut pour le mariage, l'est pour les fiançailles de certaines ethnies. Comme l'atteste d'ailleurs le professeur Samba Traoré : « Si nous prenons le terme fiançailles dans sa signification, telle que donnée par le Robert, il s'agit « de la promesse solennelle de mariage, échangée entre futurs époux ». Le *muurunde* soninké est également une promesse solennelle du mariage, mais la différence c'est qu'elle n'est pas échangée entre futurs époux, mais entre les lignages-ka et les clans-xabiila des futurs époux. C'est surtout au niveau de la volonté que réside la différence. Ainsi le *muurunde* est la promesse solennelle de mariage changée entre les parents des futurs époux. Cela ne se passe pas entre futurs époux, mais entre donneurs et receveurs de femmes. Donc il est nécessaire, pour un tel terme, de le prendre à la racine selon la pensée de la société » ; TRAORE Samba, « Droit coutumier et coutume, réflexions sur le langage du juriste des institutions traditionnelles africaines (Quelques exemples de concepts tirés du droit soninké du Gajaaga-Sénégal), *op.cit.*, p.55.

jeune fille, une condition de validité du mariage de celle-ci. Ainsi, selon lui : « Le fait que le mariage soit une affaire de famille a pu justifier que l'on se passe du respect de l'âge de la future épouse, les mariages au berceau où un âge où la fille ne pouvait donner son consentement[480]. Durant la période coloniale, la chambre d'homologation de la Cour d'Appel, dans un arrêt du 30 juin 1914, avait déclaré que la pratique du mariage par coemption conclu au moyen du versement d'une somme d'argent fait par le futur mari à la famille de la femme, ne constitue point un fait de traite, et ne tombe pas sous l'application du décret du 12 décembre 1905[481]. Ce n'est pas à dire que par exemple tout consentement de la future épouse soit exclu. En effet, dans certaines coutumes[482], lorsque les parents du futur époux ainsi que celui-ci viennent pour la première fois, demander la main de la future épouse, avant que de boire les différentes liqueurs apportées (on ne vient pas chercher une femme les mains vides !), l'oncle maternel de la femme demande publiquement à cette dernière si elle consent réellement à se marier. Une fois l'acquiescement

---

[480] M'BAYE Kéba, « Droit et développement en Afrique francophone de l'Ouest », *op.cit.*, p.150 ; M'BACKE Mouhamadou Moctar, *op.cit.*, p.34. *Adde* RAHARIJAONA Henry, « Le droit malagasy de la famille », PENANT 1968, n°722, p.438 : « l'intervention du groupe familial dans la conclusion du mariage était, dans les coutumes et traditions particulièrement importante. Dans certains groupes ethniques, quel que soit leur âge, les futurs mariés devaient obtenir l'autorisation de leurs ascendants, voire du chef de la grande famille. Par ailleurs les membres âgés de cette grande famille avaient le droit de s'opposer à la conclusion d'un mariage selon une procédure inspirée de l'article 5 du règlement des gouverneurs de l'Imerina de 1889 ».

[481] SOLUS Henry, *Traité de la condition des indigènes en droit privé*, p.318 cité par DIOUF Seydou, « Le maintien de l'ordre public colonial au Sénégal », *op.cit.*, p.19.

[482] La coutume Manjack et Diola par exemple.

constaté[483], s'ensuit toute une batterie de conseils venant de part et d'autre. Lesdits conseils portent la plupart du temps sur la concorde (n'est-ce pas là tout l'intérêt de l'aiguille et du fil à coudre ?) à semer par la future épouse dans la famille de son mari, l'endurance, la résilience, le respect dû au mari, à sa famille au sens large ainsi que l'indissolubilité du lien matrimonial. C'est ce même jour d'ailleurs que la liste de la dot est remise au mari. Pour information, cette liste contient les éléments obligatoires et facultatifs à ramener par le mari lors de la deuxième visite. La plupart du temps, l'argent constitue un élément facultatif, de quoi relativiser la thèse selon laquelle la dot est le prix d'achat de la femme. C'est l'occasion de faire remarquer qu'en Afrique, le mariage donne lieu à des festivités, des réjouissances. Comme disait l'autre : (…) les préparatifs, conciliabules, cérémonies, rites et festivités du mariage dans nos habitudes sont longs, nombreux et dispendieux[484]. Ces réjouissances et festivités posent la problématique de l'effectivité au Sénégal, de la loi sur les dépenses excessives. Comme disait un auteur, se voulant peut-être trop réaliste, la loi sur les dépenses excessives a ses insuffisances qui continuent à gêner son application. Hélas, elle n'a pu éviter certaines lacunes des textes précédents. Comme le décret de 1951, elle a voulu imposer des taux alors que les prestations matrimoniales peuvent difficilement être évaluées dans la tradition qui

[483] Cet acquiescement se matérialise également lorsque la future épouse s'abreuve du reste de la boisson contenue dans un pot ou gobelet et versé auparavant sur le sol pour demander aux ancêtres de reconnaître et de protéger la nouvelle union. Le caractère sacré de la terre se justifie par le fait qu'elle sert d'intermédiaire entre les vivants et les ancêtres.
[484] M'BACKE Mouhamadou Moctar, *op.cit.*, p.35.

connaît en outre un système de transmission complexe[485]. C'est d'ailleurs tout l'intérêt des festivités matrimoniales que le juge Kéba a semblé minimiser en ces termes : « la cérémonie purement coutumière est sans valeur au regard de la loi et des pouvoirs publics. Le mariage doit être célébré devant un officier d'état civil »[486]. Ce propos doit être bien compris car il signifie qu'un mariage coutumier non constaté ne saurait être opposable à l'État, aux collectivités publiques, établissements publics ou privés, même s'il demeure valable. Il ne viendrait jamais à l'esprit du juge Kéba Mbaye, fervent défenseur et thuriféraire des vertus du droit africain, de dénier toute importance au mariage coutumier.

Ce qui est sûr c'est qu'on ne saurait en faire de même pour la dot dans la tradition.

B-L 'importance de la dot dans la tradition

97. L'importance de la dot est très controversée. Elle a opposé ceux pour qui c'est le prix d'achat de la femme, à ceux qui demandent à ce qu'elle soit réglementée en faveur des hommes voire des femmes[487]. Pourtant, elle a ses défenseurs comme Etienne le Roy pour qui : « Ainsi, s'il apparait nécessaire d'interdire la dot du mariage pour limiter le gaspillage économique et réintroduire dans le circuit

---

[485] NIANG Mamadou, « Structures parentales et stratégie juridique du développement en Afrique noire francophone (étude appliquée aux Wolof du Sénégal) », RSD, 1972, n°11, p.75.

[486] M'Baye Kéba, « Droit et développement en Afrique francophone de l'Ouest », *op.cit.,* p.151.

[487] M'BACKE Mouhamadou Moctar, *op.cit.*, pp.34-35. L'auteur dénonce la cherté de la dot qui pourrait entretenir chez le mari sénégalais, un *animus domini* vis-à-vis de son ou ses épouses. *Adde* M'BAYE Kéba, « Droit et développement en Afrique francophone de l'Ouest », *op.cit.*, p.150.

monétaire des valeurs qui, autrement seraient thésaurisées, il faut aussi prendre garde qu'une telle interdiction peut équivaloir à détruire la preuve du mariage, suspendre le rattachement de l'individu à la lignée et, par-là, limiter la place de la personne dans la société comme géniteur, comme producteur et peut-être comme citoyen, vu la désorganisation mentale ainsi introduite[488]. Ce propos d'Etienne le Roy est illustratif des fonctions de la dot que sont la fonction de :

-compensation ;

-preuve ;

-protection de la femme.

La dot équivaudrait à une compensation perçue par la femme en contrepartie de la force physique exercée par son mari sur elle[489] ; elle servirait à déceler les traces du mariage[490], légitimer les enfants et enfin elle serait une source

---

[488] LE ROY Etienne, « Droit et développement en Afrique noire francophone après dix années d'indépendance politique », RSD, 1971, n°9, p.63.

[489] C'est l'avis de GUY KOUASSIGAN selon qui : « La dot compense cet affaiblissement et se négocie au niveau des familles elles-mêmes et non à celui des futurs époux », in « Culture, famille et développement », RSD, 1977, n°21 V. Sur la même lancée John ILIFFE pour qui à travers la dot, la famille de l'époux dédommageait celle de l'épouse de la perte subie en termes de fertilité et de travail ; ILIFFE John, *Les Africains, Histoire d'un continent*, Flammarion, 3e édition, 1995, collection « Champs Histoire », p.190 ; AGBANRIN Victoire, « La femme en droit coutumier Dahoméen », RJPIC, 1974, n°4, pp.639-662.

[490] V. Gilbert MANGIN qui, se basant sur les propos (« Cette institution était adaptée à l'économie traditionnelle, toute la famille étant constituée par l'ensemble des personnes d'une même origine et menant une vie commune sous l'autorité du chef qui était en principe l'homme le plus âgé ») du Garde des Sceaux, Ministre de la Justice de la République du Niger d'alors a écrit que la dot avait une valeur symbolique et servait de preuve au mariage. Comme on pouvait s'en douter, ce magistrat, à l'époque

de protection pour la future épouse. En effet, dans cette dernière fonction, on ne peut nier que la femme qui a reçu d'importantes prestations jouit auprès de ses parents et amies d'un grand prestige[491]. Contrairement à la pensée européenne[492], en Afrique, la dot désigne un ensemble de biens et de prestations conférés à la famille de l'épouse en vue de créer le contrat de mariage[493]. C'est un don de la famille du futur époux à la famille de la fiancée[494]. Elle peut prendre plusieurs formes :

vice-président du Tribunal de Grande Instance de la Seine, était un fervent défenseur de la dot. Voilà ce qu'il a écrit, toujours en référence aux propos précités du Garde des Sceaux Nigérien : « la dot n'avait alors rien d'exorbitant et on ne pouvait soutenir qu'elle était le prix d'achat de la femme par sa future belle-famille » ; MANGIN (G), « Le droit pénal de la famille dans les États africains d'expression française », RJPIC, 1968, n°1, pp.141-142.

491 NIANG Mamadou, « L'évolution de la « dot » au Sénégal, De la tradition à la modernité », Penant, 1974, p.299 ; V. Également, BOUKARI DJOBO, « La dot chez les Kotokoli de Sokodé », PENANT, 1962, n°693, p.546. Selon l'auteur : « (...) Mais il faut ajouter que cet hommage n'est pas rendu seulement au chef de famille mais aussi à la future épouse que le jeune homme vénère et qu'il doit mériter ».

492 En Europe, la dot représente l'ensemble des biens que la femme apporte à son ménage en vue de contribuer éventuellement aux charges du foyer (V. Par exemple article 1540 du Code civil français) V. NIANG Mamadou, « L'évolution de la dot au Sénégal-De la tradition à la modernité », PENANT, p.296. *Adde* TRAORE Samba, « Droit coutumier et coutume, réflexions sur le langage du juriste des institutions traditionnelles africaines (Quelques exemples de concepts tirés du droit *soninké* du gajaaga-Sénégal », Annales Africaines, 1989-1990-1991, p. 57. Selon cet auteur, si nous prenons la dot dans sa première signification, elle renvoie à la prestation que la fille apporte avec elle lors de son mariage. (...) Or, cela ne se conçoit pas dans les coutumes africaines.

493 NIANG Mamadou, « L'évolution de la dot au Sénégal-De la tradition à la modernité », PENANT, *Ibid*

494 MANGIN Gilbert, « Le droit pénal de la famille dans les États africains d'expression française », RJPIC, 1968, n°1, p.141.

-les anneaux de cuir ;

-une bouteille d'alcool ;

-le vin de palme ;

-les vaches ;

-les animaux domestiques ;

-les pagnes ;

-les noix de colas ou feuilles de tabac.

N'y voit-on pas là tout un symbole caché derrière ces biens en nature même s'il doit différer d'une culture à une autre ? Tout porte à le croire ![495]. Dans tous les cas, il existe un droit pénal de la dot au Sénégal[496]. C'est dire que la dot a été réglementée[497] ou interdite[498]. En Afrique, les morts ne sont

[495] La dot elle-même est symbole selon le professeur Samba TRAORE prenant l'exemple du *tamma*, prestation matérielle, ou pagne remise par la famille receveuse à la famille donneuse de femme, dans la coutume *soninké*. Partant de là, il s'inscrit en faux contre ceux qui pensent que la dot est un moyen d'enrichissement de la famille donneuse de femme, principalement les père et mère géniteurs ; TRAORE Samba, « Droit coutumier et coutume, *op.cit.,* p.58.

[496] Amende variant de 20.000 à 100.000 lorsque l'on excède le montant de la dot qui s'élève à 3000 (Article 12 de la loi n°67-04 du 24 février 1967 tenant à réprimer les dépenses excessives à l'occasion des cérémonies familiales. V. COSTA Jacqueline, « Quelques aspects nouveaux du droit des pays africains d'expression française », PENANT, 1967, n°716, pp.167-189 ; MANGIN Gilbert, « Le droit pénal de la famille et des personnes », *in* Encyclopédie juridique de l'Afrique, Les Nouvelles Éditions Africaines, 1982, pp.125-134.

[497] Au Mali, la dot est obligatoire et symbolique certes, mais ne saurait dépasser 15.000 (Article 288 issu de la loi n°2011-087 du 30 décembre 2011 portant Code des personnes et de la famille.

[498] L'article 244 du Code Burkinabe des personnes et de la famille déclare illégal le versement d'une dot soit en espèces, soit en nature, soit sous forme de prestations de service. En Côte d'Ivoire, la loi n°64-381 du 7 octobre

pas morts, disait Birago DIOP[499]. Cette assertion interroge sur les effets de la mort sur le lien matrimonial.

Paragraphe 2-LA FAIBLESSE DE LA MORT DANS LE DETACHEMENT DE LA VEUVE OU DU VEUF DE LA FAMILLE DU *DE CUJUS*

98. Le fils devient pour tout dire le serviteur, l'esclave de ce roi de Prusse de neveu, enfant gâté de la coutume qui, alors que le cadavre de son oncle est tout chaud encore, chasse, met dehors les enfants et leur mère, sans leur permettre de rien emporter des biens qu'ils ont eux-mêmes acquis. Est-ce juste ? Est-ce moral ? C'est un péché mortel »[500]. Le constat fait par l'Abbé Yago n'est certes pas faux en ce sens que dans certaines traditions en Afrique, le décès de l'époux est

---

1964 relative au mariage qui interdisait la dot (aux termes de l'article 21 était puni des peines d'emprisonnement et d'amende quiconque a : « sollicité ou agréé des offres ou promesses de dot, sollicité ou reçu une dot, usé d'offres ou de promesses de dot ou cédé à des sollicitations tendant au versement d'une dot ») a été abrogée par la loi n°2019-570 du 26 juin 2019 relative au mariage.

[499] Cette conviction a été martelée dans son poème « Souffles » : Ecoute plus souvent les choses que les êtres, ceux qui sont morts ne sont jamais partis, ils sont dans l'ombre qui s'éclaire, et dans l'ombre qui s'épaissit, les morts ne sont pas sous la terre ». Nous pouvons également citer les paroles prononcées lors du rituel funéraire du propriétaire ou chef de famille à savoir l'enterrement des ongles et des cheveux, 15 jours après l'inhumation du corps, en coutume mina : « O Apeto, tu n'es plus parmi nous ; mais nous savons que, du fond de ta dernière demeure », tu **connais** le passé, présent et le futur. Si ce sont nos ancêtres qui t'ont appelé, dors en paix ; mais si ce sont les « azéto » -sorciers ou mangeurs d'âmes- qui t'ont arraché à ta belle vie, alors enivre-toi de ce breuvage et venge-nous ». Propos rapportés par KOFFI-AMEGA Louis, « La situation juridique de la veuve en droit coutumier mina », PENANT, 1962, n°694, p.711.

[500] Abbé Yago, « Un fléau en Côte-d'Ivoire : le matriarcat », Extrait d'une conférence prononcée à Treichville le 12 août 1948 cité par OBLE Jacqueline, *Le droit des successions en Côte d'Ivoire : tradition et modernisme*, Les nouvelles Éditions Africaines, 1984, n°288, p.186.

synonyme de dépouillement des deux êtres précités[501], mais il gagnerait à être relativisé. C'est ainsi que pour Hampathé Ba, : « les femmes mariées sont un apport humain à l'accroissement de la famille. Elles viennent par voie de mariage. Elles doivent y demeurer par la force de l'héritage au sens « reprise en charge » du mot. L'héritage n'a pas dans ce cas une fin mercantile. Il est une garantie de conservation plutôt qu'une fugitive intention d'esclavage. Parfois la femme héritée est une vielle impotente ou une malade incurable. Elle coûte donc plus qu'elle ne peut rapporter. Mais l'héritier en tant que chef de famille tiendra à elle, pour l'honneur et l'intégrité de son foyer »[502]. Delafosse s'est inscrit dans la même logique en ces termes : « Dans les sociétés négro-africaines, il n'y a ni veuves ni orphelins, les uns et les autres étant nécessairement à la charge soit de leur famille soit de l'héritier du mari »[503]. Les deux auteurs précités, contrairement à d'autres[504], sont favorables au

---

[501] Sur l'anti-féminisme de la coutume mina en raison de la négation des droits successoraux de la femme, V. KOFFI-AMEGA Louis, « La situation juridique de la veuve en droit coutumier mina, PENANT, 1963, n°695, p.31.

[502] BA Hampâthé « L'Islam et l'Afrique noire », Colloque sur les religions, Abidjan, avril 1961, Présence africaine, p.111.

[503] Delafosse cité par M'Backe Mohamadou Moctar : « La femme sénégalaise en droit coutumier-règles traditionnelles et leur évolution », RJPIC, 1974, n°4, p.784.

[504] À titre d'exemple, nous pouvons citer Holas pour qui, la femme africaine est considérée comme un bien : « En tant que valeur à la fois sociale et économique, la femme sénoufo fait partie des biens susceptibles de transmission par héritage ». HOLAS Bohumil, *Les Sénoufo*, P.U.F, 1966 cité par OBLE Jacqueline, *op.cit.*, p.189 note de bas de page 39. *Adde* AMEGA Louis Koffi, pour qui l'ahossi est un élément d'actif de l'hérédité et que ce résultat est caractéristique d'autres coutumes africaines également ; un rapprochement peut être fait avec les coutumes balali, bacongo, batéké (République du Congo) où les veuves, « en règle générale,

lévirat. Pourtant, beaucoup de textes en Afrique ont consacré la dissolution du lien matrimonial suite au décès d'un époux et au divorce[505], de même que des droits à la veuve[506], sans pour autant réussir à éradiquer la pratique, dans certaines contrées du continent susvisé, du lévirat (A) et du sororat (B). Et d'ailleurs, en s'imprégnant de l'article 110 du Code sénégalais de la famille, on se rend compte que ces deux institutions sont légalement admises[507]. L'article 7 de la loi ivoirienne n° 2019-570 du 26 juin 2019 relative au mariage s'inscrit dans la même logique[508].

A-La pratique du lévirat

99. Selon Le Petit Larousse illustré, le lévirat qui vient du latin *lévir*, qui signifie beau-frère, est une loi hébraïque qui obligeait un homme à épouser la veuve de son frère mort sans

---

restent à la disposition de la famille du mort et reviennent aux frères ou aux oncles du *de cujus* » ; AMEGA Louis Koffi, « La situation juridique de la veuve en droit coutumier mina », PENANT, 1963, n°695, pp.31-32.

505 L'indifférence du divorce dans la rupture du lien matrimonial concerne plus le mariage dans la pensée Kabré qu'autre chose. V. VERDIER Raymond, « Le mariage dans la pensée Kabré », RJPIC, 1968, n°1, p. 160. L'auteur note néanmoins une évolution symptomatique de la faiblesse de l'alliance des familles, toile de fond de l'union des couples, en ces termes : « l'alliance des familles, qui constituait la toile de fond sur laquelle se dessinait l'union du couple, est de moins en moins préalable à celle-ci ; l'union du couple tend de plus en plus à préexister à l'alliance des familles, qui s'ajoute à elle pour la confirmer et ratifier ».

506 V. Les articles 20, 21 du Protocole à la charte africaine des droits de l'homme et des peuples relatif au droit des femmes.

507 L'alinéa 2 de cette disposition est ainsi structuré : « Toutefois il n'y a plus prohibition pour cause d'alliance entre beau-frère et belle-sœur lorsque l'union qui provoquait l'alliance a été dissoute par le décès ».

508 Cette disposition prohibe le mariage entre (…) alliés au degré de beau-frère et belle-sœur, lorsque le mariage qui produisait l'alliance a été dissous par le divorce. C'est dire que la dissolution du mariage par décès ne prohibe pas le mariage entre alliés au degré de beau-frère et belle-sœur.

descendant mâle[509]. Pareille définition figure dans Le nouveau Petit Robert[510]. Il s'agit d'un principe ancestral qui voudrait que les veuves fassent partie de la succession et soient normalement dévolues aux héritiers[511]. Définie de la sorte, cette pratique pourrait choquer plus d'un vu qu'on ne succède pas aux personnes mais aux biens[512]. Cependant, à s'interroger sur son utilité à savoir par exemple le maintien de l'alliance entre deux familles nouée par le mariage[513], un palliatif à l'absence de vocation successorale de la veuve ou une neutralisation de la suspicion pesant sur la femme d'avoir été à l'origine du décès de son mari[514], une protection de la veuve et de l'orphelin[515], on ne peut qu'être admiratif à l'égard de ceux qui s'adonnent à celle-ci. Si son fondement est biblique, on peut néanmoins déceler une différence dans sa pratique en Afrique. Dans ledit continent, le lévirat est une

[509] Le Petit Larousse illustré, 2022, p.662. V. Deutéronome 25-5-10.

[510] Obligation que la loi de Moise imposait au frère d'un défunt d'épouser la veuve sans enfants de celui-ci.

[511] BADJI Mamadou, « Le mariage dans le droit traditionnel africain », *in Le droit africain à la quête de son identité*, Mélanges offerts au Professeur Isaac Yankhoba Ndiaye, L'harmattan Sénégal, 2021, p.151.

[512] V. Cependant le professeur Samba TRAORE pour qui la qualification du lévirat d'« héritage de femmes » est impropre. C'est plutôt la succession, le remplacement d'un mari défunt par un membre de son lignage-Ka. TRAORE Samba, « Droit coutumier et coutume », *op.cit.*, p.61. À notre avis, il eût été mieux pour le professeur, en parlant de succession d'un mari, de préciser qu'il s'agit d'une succession aux fonctions.

[513] TRAORE Samba, « Droit coutumier et coutume », *op.cit.*, p.62. Selon cet auteur, les époux sont les représentants de leurs familles auprès de leurs partenaires.

[514] OBLE Jacqueline, *Le droit des successions en Côte d'Ivoire : tradition et modernisme*, Les nouvelles éditions africaines, 1984, p.183. *Adde* KOFFI-AMEGA Louis, « La situation juridique de la veuve en droit coutumier mina », PENANT, 1963, n°695, pp.34-35 : « le décès de son mari faisait peser sur elle un soupçon de sorcellerie ».

[515] OBLE Jacqueline, *op.cit.,* p. 185, n°286.

institution selon laquelle, au décès d'un homme, il est loisible au « frère » de ce dernier d'épouser la veuve, qu'elle ait eu des enfants ou non[516].

D'une tribu à une autre, la pratique varie. C'est ainsi que si en pays *lobi*, le lévirat a pour fondement des considérations matérielles, en pays *Kassena*, ce sont des considérations humaines (solidarité familiale, protection de la veuve, pérennité de la race, maintenir les enfants en bas âge dans le giron familial du de cujus) qui sont avancées[517].

D'autres questions participent de l'organisation pratique du lévirat. Il s'agit par exemple de celle relative à la personne avec qui la veuve doit se marier. Chez les *Baribas*, ce n'est ni avec le beau-père, encore moins le frère aîné, mais cadet du défunt. Par contre, le remariage avec un fils du mari défunt né d'une autre femme est admis par certaines coutumes, rejeté par d'autres[518]. Est également admis le remariage avec un oncle, neveu ou cousin du *de cujus.*

100. Une fois abordée la problématique de l'identité de l'époux de la veuve, place à deux autres questions que sont le consentement de la femme au lévirat et la restitution de la dot, en cas de rejet par celle-ci de la pratique sus-évoquée. Concernant la première hypothèse, il résulte de plusieurs écrits que la veuve n'est pas obligée d'accepter le principe du lévirat et ce, en quittant la famille du défunt ou en y restant. Pour ce qui est de la seconde hypothèse, faisons remarquer que parfois le départ de la veuve l'oblige à restituer la dot ou,

---

[516] OBLE Jacqueline, *Ibid.*

[517] TELESPHORE Yaguibou, « Le lévirat en pays kassena et lobi », RJPIC, 1967, pp.64-74.

[518] GBENOU Grégoire, « La famille Dahoméenne », RJPIC, 1967, p.57.

en cas de remariage, le nouveau conjoint est tenu de la payer aux héritiers du mari[519].

101. À l'instar de la veuve, un veuf, dans certaines coutumes[520], peut maintenir les liens avec le lignage de son épouse défunte. C'est le sororat[521]. Mais autant la situation de la veuve a fait l'objet d'une abondante littérature, autant celle du mari n'a semblé intéresser personne[522] et ce, en atteste par exemple l'absence de définition de cette pratique dans Le nouveau Petit Robert[523].

B-La pratique du sororat

102. Au regard de la pratique observée chez les Bambaras du Mali, la définition du sororat donnée dans le Larousse est loin d'être complète d'autant que l'identité de la sœur de l'épouse défunte est connue. Il s'agit de la sœur cadette ; la sœur ainée étant élevée au rang de mère[524]. Quels sont les avantages du sororat ? Il s'agit de la préservation des enfants du premier lit de la méchanceté d'une belle-mère étrangère[525]. Il semblerait que le montant élevé de la dot ait justifié la pratique du sororat chez les Bété. Mais à y regarder de près, le sororat tout comme le lévirat traduit l'idée selon laquelle en Afrique, ce sont les lignages qui se « marient » ou

---

519 GBENOU Grégoire, *op.cit.*, p.58.
520 Par exemple chez les bétés en Côte d'Ivoire.
521 OBLE Jacqueline, *op.cit.*, p.192.
522 OBLE Jacqueline, *op.cit.*, p.192, n°300.
523 Seul l'adjectif « sororal » a fait l'objet d'une définition. V. Le nouveau Petit Robert, *op.cit.,* p.2399.
524 CAMARA Bakary, « Fondements juridiques du mariage dans le pays bamanan malinké : du système coutumier au Code malien du mariage et de la tutelle de 1962- l'évolution dans la continuité », URED, 2011, n°21, p.220.
525 OBLE Jacqueline, *op.cit.*, p.193, n°302.

forment alliance et non les époux, membres de ces différentes familles élargies et qui s'effacent à profit de celles-ci.

Conclusion

103. Pour ne pas conclure, relevons quelques vérités d'évidence. D'abord, faisons remarquer qu'il n'a jamais été de la volonté du législateur colonial d'effacer d'un coup de plume les institutions judiciaires et les techniques juridiques trouvées en raison de la résistance que lui a opposé le droit traditionnel[526]. Ainsi, l'article 82 de la Constitution française de 1946 dispose que : « Les citoyens qui n'ont pas le statut civil français conservent leur statut personnel tant qu'ils n'y ont pas renoncé.

Ce statut ne peut en aucun cas constituer un motif pour refuser ou limiter les droits et libertés attachés à la qualité de citoyen français ».

Deux remarques peuvent résulter de l'examen de cette disposition. Premièrement, tous les habitants des territoires où s'appliquait ladite Constitution étaient désormais devenus des « citoyens ». *Secundo*, la renonciation au statut personnel était envisageable. S'il est vrai que l'article 82 supprime la notion de « sujet » pour instaurer une égalité entre les justiciables, il n'en demeure pas moins vrai que le législateur colonial n'avait pas résisté à la tentation quasi naturelle de démonstration de la supériorité du statut civil français au statut personnel car comment comprendre que ce soit les adeptes de ce dernier statut qui ont seulement la latitude de renoncer à celui-ci pour embrasser le statut civil ? En effet, on ne saurait occulter le fait que le législateur colonial s'était érigé en censeur des coutumes qui n'étaient pas compatibles

---

526 AMEGA Louis Koffi, *op.cit.*, p.288.

avec les thèmes généraux. L'œuvre de démantèlement des coutumes sera poursuivi par les États africains, une fois sonnée l'heure des indépendances[527]. Ceux-ci, sensibles aux chants des sirènes adeptes du droit du développement[528], ont voulu instituer un même droit, une même justice pour tous les justiciables. Ensuite, le modèle juridique français a encore un bel avenir en Afrique noire francophone et les résistances sporadiques[529] audit droit ne doit pas être l'arbre qui cache la forêt car l'élite africaine ; celle qui fait les lois, a pris pour référentiel le droit du colonisateur. Il n'y a qu'à voir les qualificatifs accolés à certaines pratiques coutumières[530], les tentatives de dévalorisation dont elles ont fait l'objet, les sévères critiques formulées contre la dot[531]. Au-delà, la

---

[527] V. Par exemple, le projet de loi n°8 réorganisant l'état civil au Cameroun Oriental et portant diverses dispositions relatives au mariage. Pour le législateur Camerounais, : « Il est en effet urgent de porter remède à certaines situations en contradiction manifeste avec l'esprit de nos institutions publiques et civiles et avec l'évolution sociale au Cameroun oriental. Il est manifeste, à l'examen de cet exposé des motifs que seules certaines coutumes pouvaient être en déphasage avec « l'esprit des institutions » et « l'évolution sociale ».

[528] V. SCHAEFFER Eugène, « Droit du développement et développement du droit de la propriété foncière », *op.cit.*, pp.73-94.

[529] Elles se manifestent entre autres par la dot, polygamie, institution de droit coutumier qui selon Stanislas MELONE, permet à un homme de se marier et de vivre avec deux ou plusieurs épouses (MELONE Stanislas, « Le poids de la tradition dans le droit contemporain », *op.cit.*, p.423.

[530] Emile MBARGA parle d'élaguer les « coutumes anachroniques et malfaisantes » (MBARGA Emile, « Quelques réflexions sur le projet de la loi réorganisant l'état civil au Cameroun oriental et portant diverses dispositions relatives au mariage », PENANT, 1966, n°712, p.287.

[531] V. MBARGA Emile, « Quelques réflexions sur le projet de la loi réorganisant l'état civil au Cameroun oriental et portant diverses dispositions relatives au mariage », PENANT, 1966, n°712, p.286 : « (…) les mesures propres à faire reculer, puis disparaître cette maudite dot, du moins telle que pratiquée de nos jours ».

diversité ethnique et partant des langues et coutumes inclinent à trouver un dénominateur commun aux populations qui vivent dans un même État. Pour y parvenir, le recours à une langue étrangère semble être pour l'instant une solution.

104. Enfin, pour arriver à dépasser certaines conceptions et à replacer le droit écrit, le droit traditionnel dans leur véritable contexte, leur accorder leur véritable place et analyser la règle de droit comme partie d'un tout cohérent[532], il faudrait modestement à l'étude du droit positif, ajouter celle de l'histoire du droit[533], de l'anthropologie et de la sociologie du droit ? On nous objectera que c'est prêcher à des convaincus car ces disciplines ne sont inconnues des facultés de droit, chose vraie. Il s'agira néanmoins de renforcer davantage l'exploration de celles-ci[534]. Le pari s'avère difficile, mais pas impossible ! Qui sait, peut-être qu'en le faisant, on pourrait réécrire nos textes et avoir un droit qui colle réellement aux réalités africaines ?

---

532 MIGNOT Alain, « Droit coutumier et anthropologie juridique (ou réflexions sur les études de droit coutumier) », PENANT, 1977, n°757, p.356.

533 Les frères Mazeaud ne disaient-ils pas que la discipline juridique a besoin de s'appuyer sur l'histoire ? ; MAZEAUD Louis et Jean, *Leçons de droit civil*, t.I, 5e édition, p.39, n°19.

534 Parlant de la dot, Emile MBARGA ne disait-il pas qu' : « il n'est donc pas dans nos intentions de faire ici une étude sociologique de ce grave problème. Nous plaçant uniquement sur le plan du droit, nous allons essayer de dégager les grandes lignes d'une évolution acceptable » ? MBARGA Emile, *op.cit.*, p.286.

Postface

Selon les inclinaisons des lecteurs et lectrices, l'intitulé si bien choisi de l'ouvrage du professeur Patrice Aristide BAḌJI, s'entend dès l'abord comme le chant du cygne du mimétisme juridique systémique et ravageur en Afrique noire dite francophone, pour ne pas dire A.O.F (Afrique sous Occupation Française) ou A.E.F. (Afrique sous Exploitation Française) [535] ; ou alors le titre du livre résonne d'emblée comme un cri de ralliement pour le sauvetage du cheval de Troie colonial (le Droit d'inspiration française) mis à mal par la résistance du Droit traditionnel africain.

L'ouvrage est si richement documenté que chacun peut y trouver suffisante matière à réfléchir pour faire prospérer sa thèse. Pour ma part, je place l'ouvrage du professeur Patrice Aristide BADJI au rang des œuvres produites par les juristes du continent-mère qui se sont enfin débarrassé des œillères (cf. les premières phases de l'introduction) dont la mise en place et le maintien sont ainsi décrits par le professeur Marc DEBÈNE :

> « … curieusement, les facteurs du mimétisme juridique, incontestable, ont rarement été étudiés. Dans le domaine du droit l'imitation ne porte pas uniquement sur telle ou telle institution, sur tel ou tel concept. L'imitation est globale. (...) il est

[535] Ces acronymes bien connus font référence à l'« Afrique occidentale française » et à l'« Afrique équatoriale française » mais il s'agit là d'expressions dont la banalisation a fini par masquer l'extrême violence que traduit le fait pour un État de s'approprier, y compris par l'arme sémantique, toute une portion d'un continent et de ses habitants.

toutefois important de souligner le lieu de reproduction de cette culture, de cette idéologie juridique française. Le Sénégal est une nation administrée. Les fonctionnaires constituent la grande majorité des cadres du pays. Parmi eux figurent de nombreux juristes formés soit dans les universités françaises soit à la Faculté de droit de Dakar. Les enseignements y sont donnés par des professeurs « toubabs », aujourd'hui relayés par des nationaux. Les programmes des études juridiques sont très classiques. L'effort d'adaptation au contexte local est rare. On retrouve ici les matières enseignées à Paris ou à Rouen. (…) Et les futurs praticiens enregistreront ces notions sans être invités à les remettre en cause. Aussi les retrouvera-t-on dans le droit positif... »[536].

Il y a les concepts du Droit français et il y a les concepts du Droit colonial français par le fait duquel le Droit traditionnel africain est masqué, stigmatisé, dénaturé afin d'être mieux rejeté hors du champ du Droit positif. Les exemples sont à foison et l'auteur en a fait une bonne moisson. Ce n'est pas le moindre atout de ce précieux ouvrage dont l'épigraphe devrait conduire à remettre sérieusement en cause la mainmise de l'O.H.A.D.A. sur la matière juridique économique de ses pays membres, compte tenu des origines ainsi que des sources de

---

[536] M. DEBÈNE, « Regard sur le droit foncier sénégalais : un seul droit pour deux rêves », *RIDC*, 1986, 38-1, p. 91, https://www.persee.fr/doc/ridc_0035-3337_1986_num_38_1_2359 (consulté le 08 novembre 2023).

financement et d'inspiration de cette organisation. L'auteur ne la qualifie pas de néocoloniale alors pourtant que ce costume lui sied bien.

En tout état de cause, dans le style mesuré qui caractérise l'auteur, ce livre constitue un appel ou un rappel, c'est selon, à se départir de la facilité du « copié-collé » des textes produits par l'ancienne métropole coloniale, pour investir le champ du travail de reconstruction, de restauration du Droit traditionnel africain. C'est en ce sens qu'il convient d'accueillir très favorablement l'invitation de l'auteur à systématiquement ajouter à l'étude du Droit positif, les disciplines de l'histoire du droit, de l'anthropologie et de la sociologie du droit ; et, là où elles sont déjà au programme, à renforcer leur enseignement.

« *Lu jot yomb* » (« Ce qui vient à son heure devient aisé à accomplir »), disent les Wolof. L'espoir est alors permis à celles et ceux de l'école où le hasard n'existe pas. En effet, l'ouvrage du professeur Patrice Aristide BADJI est édité l'année même où est célébré le centenaire de la naissance du professeur Cheikh Anta DIOP (né le 29 décembre 1923) ; l'éminent savant sénégalais dont un des messages, adressé à toute l'élite pensante du continent-mère et de sa diaspora, est le suivant :

> « Aujourd'hui encore, de tous les peuples de la terre, le nègre d'Afrique noire, seul peut démontrer de façon exhaustive, l'identité d'essence de sa culture avec celle de l'Égypte pharaonique, à telle enseigne que les deux cultures peuvent servir de systèmes de référence réciproques. Il est le seul à pouvoir se reconnaître encore de façon indubitable dans

> l'Univers culturel égyptien ; il s'y sent chez lui ; il n'y est point dépaysé comme le serait tout autre homme, qu'il soit européen ou sémite. Autant un Occidental, aujourd'hui encore, en lisant un texte de Caton, ressent l'écho de l'âme de ses ancêtres, autant, la psychologie et la culture révélées par les textes égyptiens, s'identifient à la personnalité nègre.
>
> Et les études africaines ne sortiront du cercle vicieux où elles se meuvent pour retrouver tout leur sens et toute leur fécondité qu'en s'orientant vers la Vallée du Nil. »[537].

Ce qui est certain c'est qu'après avoir lu cet ouvrage, les juristes africains et africaines qui vont persister dans la voie du mimétisme du modèle juridique français devront accepter leur responsabilité de participer, en pleine connaissance de cause, à un génocide culturel (l'extermination de la civilisation noire telle que traduite et préservée par son volet juridique). En revanche, celles et ceux dont les œillères seront tombées accepteront certainement d'emprunter les chemins de la connaissance et de la renaissance du Droit africain « en s'orientant vers la Vallée du Nil ». C'est ainsi qu'à côté du Droit romano-germanique, de la *Common law*, du Droit musulman,… une nouvelle catégorie du Droit s'imposera : le Droit négro-pharaonique ou négro-africain.

---

[537] Cheikh Anta DIOP, *Antériorité des Civilisations Nègres, Mythe ou vérité historique ?*, Présence africaine, 2e éd. 1993, p. 12.

En juriste convaincue que la renaissance africaine passe par celle de son modèle juridique autochtone, je remercie le professeur Patrice Aristide BADJI de m'avoir offert d'écrire la postface d'un ouvrage dont la lecture montre qu'il est encore plus enrichissant et passionnant que ne le laissait entrevoir l'intitulé.

Dakar le 08 novembre 2023.

Fatou Kiné CAMARA

Maîtresse de conférences titulaire, Faculté des sciences juridiques et politiques

Université Cheikh Anta Diop de Dakar

Bibliographie

I-OUVRAGES

BRICKER (G), *Le droit de la génétique, A la recherche d'une branche du droit*, L'harmattan, 2015, 848 p.

CABRILLAC (R), *Les codifications*, PUF, 2002, collection « Droit, éthique, société », 310 p.

DIOUF (N), *L'attribution préférentielle en droit successoral sénégalais*, CREDILA, 2017, 516 p.

(Dir) BADJI (M), CAILLE (F), *Le « tailleur » et ses modèles d'hier à demain, Approches juridiques et politiques croisées France-Sénégal*, https://shs.hal.science/halshs-03624661/document, consulté le 24/09/2023 à 13h 31

(Dir) CABRILLAC Rémy, *Quel avenir pour le modèle juridique français dans le monde ?*, Economica, 2011, 141 p.

(Dir) GAU-CABEE (C), *Le métissage des droits en Afrique subsaharienne francophone, Regards croisés*, collection numérique Diké n°3, 127 p.

(Dir) KASIRER Nicholas, *Le droit civil, avant tout un style*, Les éditions Thémis, 2003, 228 p.

(Dir) ROUVILLOIS (F), *Le modèle juridique français : un obstacle au développement économique ?* Colloque organisé par la Fondation pour l'innovation politique, Dalloz, 2005, 144 p.

DURIEUX (A), *Droit écrit et Droit coutumier en Afrique centrale*, Académie Royale des Sciences d'Outre-Mer, Classe des Sciences morales et politiques, N.S., XXXVI-2, Bruxelles, 1970, 51 p.

GASSE (V), *Les régimes fonciers africains et malgache, Évolution depuis l'indépendance*, L.G.D.J, 1971, 332 p.

ILIFFE (J), *Les Africains, Histoire d'un continent*, Flammarion, 3e édition, 1995, 687 p.

LE ROY (E) et *alii*, *Les enjeux fonciers en Afrique Noire*, Khartala, 1982, 431 p.

NDOYE (D), *Droit médical au Sénégal, Les textes, la jurisprudence des cours et tribunaux, les règlements de l'UEMOA*, EDJA, 2014, 475 p.

OLAWALE (E.T), *Nature du droit coutumier africain*, Présence africaine, 1961, 325 p.

PERUISSET-FACHE (N), *Femmes de tous pays... libérons-nous du patriarcat*, L'harmattan, 2021, 133 p.

THIAM (S), *Introduction historique au droit en Afrique*, L'harmattan, 2011, 200 p.

II-ARTICLES

ABITBOL Eliette,

-« La famille conjugale et le droit nouveau du mariage en Côte d'Ivoire », Penant 1966, pp.303-316 ;

-« La famille conjugale et le droit nouveau du mariage en Côte d'Ivoire », PENANT, 1966, pp.455-467

-« La famille conjugale et le droit nouveau du mariage en Côte d'Ivoire », PENANT, 1966, n°713-714

ACOUETEY (T), « Unité ou dualité de statut dans le droit de la famille au Togo », Revue Juridique et politique Indépendance et Coopération, n°1, Janvier-Mars 1967, pp. 34-45

ADAMOU (O), « Interférences de la loi, la coutume et la « charia » islamique devant les juridictions nigériennes », PENANT 1979, n°764, pp.129-133

ADANDE (A), « L'organisation judiciaire et l'évolution législative au Dahomey », PENANT, 1965, pp.429 et s

AINETTER (C), « La charte africaine des droits de l'homme et des peuples », Annales Africaines 1986-1987-1988, pp.142-148

ALLA (K.-E), « Réflexion autour de la purge des droits coutumiers en droit ivoirien », Annales Africaines, Janvier 2023, Volume 1, n°Spécial, pp.465-533.

ALLIOT (M),

-« Problèmes de l'unification des droits africains », Journal of African law, Volume 11, n°2, 1967, pp.86-98, https://www.jstor.org/stable/744455, consulté le 12/09/2023 à 11h 33 mn

-« La signification de la preuve judiciaire (sociétés animistes et États d'Afrique noire), in La preuve devant le juge, RJPIC, n°1 et 2, 1985, pp.55-59

-« Le droit des successions dans les États africains francophones », RJPIC, n°1, 1966, pp.845-884

-« Religions d'Afrique et droits d'expression française », *in* Religion, philosophie et droit, RJPIC, n°2, 1984, p.696

AMBOUROUE (M.-A), « La femme en droit coutumier gabonais », RJPIC, n°4, 1974, pp.673-690

AMEGA (L.K),

-« Prière pour un Code civil », PENANT, 1966, n°712, pp.274-283

-« La situation juridique de la veuve en droit coutumier mina », PENANT, 1962, n°694, pp.711-730.

-« La situation juridique de la veuve en droit coutumier mina », PENANT, 1963, pp.31-49

-« Le médecin, le cadavre et le droit », PENANT 1978, pp.483-494

APATI-BASSAH, « Justice et authenticité », PENANT, 1984, n°784, pp.193-198

ARRICHI (G), « Tradition adaptée au monde moderne », PENANT, 1965, n°706, pp.155-169

ATTO (M.N), Le juge nigérien en quête du droit applicable au divorce », RASPOS, n°29, 2020, pp.180-212

BA (A.C), « Quelques considérations sur la loi relative au domaine national au Sénégal », RSD, 1968, n°3, pp.56-63.

BA (C.M), « Réflexions sur les successions musulmanes au Sénégal », *in* Religion, philosophie et droit, RJPIC, n°2, Avril-Juin, 1984, pp.387-396.

BA (M), « La réception des règles du droit musulman dans le système juridique de l'Afrique occidentale », Annales Africaines, janvier 2022, n°Spécial, pp.1-38.

BADJI (M),

-« La matrice du droit colonial. De quelques leçons apprises sur la projection coloniale dans ses dimensions juridiques en AOF (XIXe-XXe siècles), in Servir par la plume et les arpents de terre, Mélanges en l'honneur de Samba TRAORE, Tome 1, L'harmattan Mali, 2021,pp.65-129 ;

-« Écriture et enseignement du droit », *in* Écriture du droit, Presses Universitaires de Toulouse 1 Capitole, 2014, pp.109-145.

BAGUI (N), « Les conceptions africaines pré-islamiques de la filiation « naturelle » protectrices des droits de l'homme », RJPIC, 1987, n°3, pp.252-263

BAH (S.K.D), « Communication sur le droit des obligations civiles », RSD, 1977, n°21, pp.79-100.

BARBA (M), « Mille-feuille doctrinal », Recueil Dalloz, 2023, p.681

BARRIERE (O), « Décoloniser la pensée : le rapport à la terre, un enjeu de viabilité pour une nouvelle matrice », in L'enfant du droit entre pouvoir et société, Servir par la plume et les arpents de terre, L'harmattan Mali, 2021,Tome I, pp.481-513.

BENAMOR (A), « L'évolution de la famille en Tunisie et la réglementation actuelle du droit de garde », RJPIC, n°1, Janvier-Mars 1967, pp.147-154.

BERQUE (J), « Une théorie musulmane de la normativité », *in* Religion, philosophie et droit, RJPIC, n°2, 1984, pp.674-678.

BETINA (B), « Quel modèle d'intégration pour l'Afrique ? », RASPOS, n°1, 2013, pp.193-215.

BIAYE DIA (F. B), « Réflexion sur l'action en réparation de la concubine en droit sénégalais », Annales Africaines, 2017, Volume 2, n°7, pp.119-155.

BILBAO (R), « Statuts civils et nationalité », RSD, 1969, n°5, pp.28-39.

BINET (J),

- « Le système des preuves en droit coutumier africain, plus spécialement en Guinée et au Cameroun », https://horizon.documentation.ird.fr/exl-doc/pleins_textes/pleins_textes_5/b_fdi_04-05/03763.pdf, consulté le 12/09/2023 à 11h 05 mn

-*Le mariage en Afrique Noire*, Les éditions du CERF, https://horizon.documentation.ird.fr/exl-doc/pleins_textes/divers19-04/40186.pdf, consulté le 14/09/2023, à 20h 26 mn

BOHEMIR (A), « La révision du droit de la famille du Québec et l'apport des sciences sociales », Revue Juridique et politique Indépendance et Coopération, n°1, Janvier-Mars 1967, pp.182-188.

BONI (A), « La mise en pratique des lois dans les nations en voie de développement », PENANT, 1963, n°698-699, pp.449-461.

BOUARE (K), « La violation des droits de la femme dans le mariage au Mali », RASPOS, n°28/Septembre 2020, pp.534-549.

BOUCHER (J), « Condition de la femme dans l'ancien droit Khmer et à l'époque angkorienne », Revue Juridique et politique Indépendance et Coopération, n°1, Janvier-Mars 1967, pp.170-181.

BOUCKAERT F, « Les règles de conflit de lois en Afrique noire », PENANT, 1967, n°715, pp.1- 12.

BOUKARI (D), « La dot chez les kotokoli de Sokodé », PENANT, 1962, n°693, pp.546-556.

BOUREL (P),

-« La formation du contrat en droit sénégalais, réflexions sur la modernité du Code des obligations civiles et commerciales », RSD, 1969, pp.33-54 ;

-« La conjonction du droit africain et du droit européen dans le droit des conflits de lois en Afrique noire francophone », Annales Africaines, 1968, pp.53-70.

BRACHOTTE (S), « Pour une approche décoloniale du droit international privé », RCDIP, 2023, p.297.

BRAUDO (S), « L'enseignement supérieur des sciences juridiques et administratives dans les États nouveaux », RJPIC, n°2, 1966, pp. 335-357.

BREMOND (G), « Repenser la déclaration des faits d'état civil au Sénégal », RASPOS, n°20, Janvier 2019, pp.114-141.

BRUYAS (J), « L'Afrique traditionnelle, vivant témoin d'un passé universel », Annales Africaines 1970, pp.43-67.

CABANIS (A), « Le choix entre la modernisation du droit et la consolidation des coutumes au lendemain des indépendances », in Servir par la plume et les arpents de terre, Mélanges en l'honneur de Samba TRAORE, Tome 1, L'harmattan Mali, pp.131-151.

CAMARA (B), « La sécurisation foncière à l'office du Niger : quel modèle juridique de sécurisation foncière pour quelles exploitations agricoles à l'ON ? », in L'enfant du droit entre pouvoir et société, Servir par la plume et les arpents de terre, L'harmattan Mali, 2021, Tome I, pp.521-544.

CAMARA (F.K),

-« Le Code de la famille du Sénégal ou de l'utilisation de la religion comme alibi à la légalisation de l'inégalité de genre », Nouvelles Annales Africaines, 2008, n°2, pp.11-40.

-« Les lois fémicides ou les restrictions politico-juridiques à l'accès à l'avortement médicalisé », *in* Revue sénégalaise de droit et de science politique, n°13, 2015-2016, pp.47-67 ;

-« Les nouveaux défis de la codification au Sénégal : harmonisation et accessibilité-le cas du droit pénal », in Droit, politique et religion, Droit sénégalais, n°8, 2009, pp.227-256.

CAMARA (F.K), HAIR (N. F), « Femmes et foncier en Afrique, guerre ou harmonie entre les sexes : les choix opposés de deux états similaires », Annales Africaines, Avril 2020, n°12, pp. 239-278.

CAMARA (Y), « La chefferie traditionnelle au Mali : 1930-1990 », RASPOS, n°27, Juin 2020, pp.144-171.

CHABAS (J),

-« Le domaine national du Sénégal », Annales Africaines, 1965, pp.33-70 ;

--« L'organisation judiciaire dans les États d'Afrique occidentale et d'Afrique équatoriale d'expression française », Jurisclasseur de procédure civile, Organisation judiciaire, 2e app ;

-« Réflexions sur l'évolution du droit sénégalais », Études Julliot de la Morandière, 1964, pp.127-146 ;

-« La réforme judiciaire et le droit coutumier dans les États africains qui formaient les anciennes fédérations de l'A.O.F et de l'A.E.F », Études de droit africain et de droit malgache, 1965, pp.267-279.

CHAFI (M), « L'islam et l'insémination artificielle », RJPIC, 1987, n°4, pp.356-362.

CHECHATA (C), « La famille en Islam : problème d'actualité », RJPIC, n°4, 1974, pp.663-669.

CISSE (I), « Le régime de la possession immobilière au Mali », RASPOS, n°26/Mars 2020, pp.176-233.

CONNEN (B), « Un code de la famille au Togo », PENANT, 1981, n°774, pp.5-22.

CORNEVIN (R), « L'évolution des chefferies dans l'Afrique noire d'expression française », PENANT, 1961, pp.539-556.

COSTA (J),

-« Quelques aspects nouveaux du droit des pays africains d'expression française », PENANT, 1967, n°716, pp.167-189 ;

-« De l'acculturation à la transculturation », Année sociologique, 1976, Volume 27, pp.424-448.

COSTA-LASCOUX (J), Commentaire de l'ouvrage de Joseph KI-ZERBO, *Histoire de l'Afrique noire. D'hier à demain*, Paris, Hatier, 1972, 704 pages, RJPIC, n°1, 1968, pp.139-140.

COULIBALY (L), « Les traits principaux du nouveau droit ivoirien de la famille », Revue Juridique et politique Indépendance et Coopération, n°1, Janvier-Mars 1967, pp.76-95.

COULIBALY (B), « Essai sur la dot en pays Gouro », PENANT, 1967, n°718, pp.425-446.

DABO (S), « L'attribution préférentielle : le choix entre la veuve et l'enfant naturel », RASPOS, n°27, Juin 2020, pp.119-143.

DACOSTA Jacqueline, « Quelques aspects nouveaux du droit des pays africains d'expression française », PENANT, 1967, pp.167-189.

DAGRA (M), « Le rôle de l'Afrique dans l'enrichissement du droit international », *in* L'Afrique et le droit international, Annales Africaines, 1986-1987-1988, pp.57-70.

DALOZE (A), « La formation du personnel judiciaire au Rwanda : le centre national de formation judiciaire », RJPIC, n°3, 1972, pp.421-426.

DANAN (Y.-M), « Commentaire de l'ouvrage de Pierre François GONIDEC, Les droits africains, évolution et sources, Bibliothèque africaine et malgache, Tome I, L.G.D.J, Paris, 1968, RJPIC, n°4, 1968, pp.1053-1054.

DAVID (R), « La refonte du Code civil dans les états africains », PENANT 1962, n°692, pp.352-364.

DAVID (R.C.G), « Le couple droit d'accès à la terre et aux aliments à l'épreuve du droit de propriété », RASPOS, n°12/ Janvier 2017, pp.323-358.

DEBENE (M), CAVERIVIERE (M), « Foncier des villes, foncier des champs (rupture et continuité du système foncier sénégalais », Annales Africaines, 1989-1990-1991, pp.75-93.

DECHEIX (P), « L'engagement de monogamie dans le Code malien du mariage », Revue Juridique et politique Indépendance et Coopération, n°1, Janvier-Mars 1967, pp.118-127.

DECOTTIGNIES (R),

-« Les nouvelles nationalités africaines », PENANT, 1964, n°700, pp.9-20 ;

-« La résistance du droit africain à la modernisation en matière d'obligations », RSD, 1977, n°21, pp. 59-78 ;

-« Prière à Thémis pour l'Afrique », RSD, 1967, n°1, pp.5-22.

-« Requiem pour la famille africaine », Annales Africaines, 1965, pp.251-286.

-« La personnalité morale en Afrique noire », Annales Africaines, 1958, pp.11-36

DEDJINGAR (M.A), « Vers un accès au droit des transsexuels en Afrique subsaharienne », RASPOS, n°34, 2021, pp.155-181.

DEGNI SEGUI (R), « Codification et uniformisation du droit en Afrique noire francophone », *in* La codification et l'évolution du droit, RJPIC, n°3-4, 1986, pp.284-287.

DEMBELE (M.L),

-« Rôle du droit dans les transformations d'une relation déséquilibrée : cas des relations européo-africaines du 16e siècle à nos jours », RASPOS, 2014, pp.297-328 ;

-« La déesse terre mise aux enchères : réflexion d'un historien du droit sur l'évolution des représentations sociales sur le foncier au Mali, d'hier à aujourd'hui », in L'enfant du droit entre pouvoir et société, Servir par la plume et les arpents de terre, L'harmattan Mali, 2021, Tome I pp.545-558.

DEMBELE (M.B), « Le pluralisme juridique dans le domaine successoral au Mali », RASPOS, n°32, juin 2021, pp.500-524

DE RIVIERES (E.S), « La chefferie au Niger », PENANT, 1967, n°718, pp.463-488.

DIABATE (A), « Le droit foncier et la propriété privée collective en Afrique de l'Ouest francophone : étude à partir de l'exemple du Mali », Annales Africaines, 2020, Volume 2, n°13, pp.397-426.

DIAITE (I), « La notion de peuple et l'application de la Charte africaine des droits de l'homme et des peuples »

DIALLO (S. S),

-« Les droits de la famille dans la coutume Mossi », PENANT, 1967, 1967, n°715, pp.13-31 ;

-« Les droits de famille dans la coutume Mossi », PENANT, 1967, n°716, pp.151-165.

- « L'évolution du droit traditionnel, fondement de la dualité des juridictions en Haute-Volta », PENANT, 1977, n°757, pp.321-339.

DIARRA (S), « Le mariage religieux au Mali : vers une impasse de reconnaissance juridique ? », RASPOS, 2021, pp.310-340.

DICKO (O.B),

- « Le mariage et le divorce au Mali », PENANT, 1965, n°707, pp.319-329 ;

-« Le mariage et le divorce au Mali », PENANT, 1965, n°708-709, pp. 470-486.

DIENG (F.B),

-« Le principe de la légalité en droit pénal à l'épreuve du mysticisme », Nouvelles Annales Africaines, 2009, n°1, pp.127-156.

« Réflexions sur l'article 6/24 de l'avant-projet d'Acte uniforme OHADA sur le droit des contrats », Annales Africaines, Volume 1, 2014, pp.45-62.

DIEYE (A),

-« L'avenir du système foncier sénégalais ? », *in* Actes du colloque de l'UFR des sciences Juridiques et Politiques de l'Université Gaston Berger de Saint-Louis des 15 et 16 décembre 2011, pp.95-114 ;

-« La loi sur le domaine national a 44 ans, mérites et malheurs du législateur de 1964 », Nouvelles Annales Africaines, 2009, n°1, pp.51-91

DIOP (A), « L'évolution de la propriété immobilière », RJPIC, n°4, 1970, pp.699-712.

DIOP (A.A),

-« Parole du juge et procès coutumier sans administrateur en Afrique noire : étude socio-anthropologique », in Servir par la plume et les arpents de terre, Mélanges en l'honneur de Samba TRAORE, Tome 1, L'harmattan Mali, 2021, pp.211-225.

-« La déontologie médicale au Sénégal », RASPOS, n°34, 2021, pp.414-444.

DIOP (A. M),

- « Influence de l'islam sur la codification du droit de la famille au Sénégal », *in* Religion, philosophie et droit, RJPIC, n°2, Avril-Juin pp.379-385 ;

-« La dévolution successorale musulmane : détermination des héritiers dans le Code sénégalais de la famille », RJPIC, n°1, 1966, pp.799-807

DIOUF (G),

-« La légitime défense en droit traditionnel africain », Annales Africaines, 2020, Volume 2, n°13, pp.427-454 ;

-« Le choix du conjoint dans le mariage traditionnel africain : étude de l'endogamie chez les séréres », Annales Africaines, janvier 2022, n°Spécial, pp.185-216.

DIOUF (S),

-« Le maintien de l'ordre public colonial au Sénégal », Annales Africaines, Volume 2, Décembre 2018, n°9, pp.1-30.

-« L'universalisme du droit romain et le droit musulman », RASPOS, n°20, janvier 2019, pp.186-211

DJAPOU (J.M),

-« Le droit centrafricain de la nationalité », PENANT, 1978, pp.442-482 ;

-« La polygamie et le droit pénal centrafricain », PENANT, 1978, n°759, pp.69-78.

DJOSSINOU (H.A), « Le mariage monogamique dans le droit positif béninois », RASPOS, n°11, Octobre 2016, pp.333-363

(Dir) AIDARA Mouhamadou Moustapha, A l'ombre du droit, Actes du Colloque de l'UFR Sciences Juridiques et

Politiques de l'Université Gaston Berger de Saint-Louis des 15 et 16 décembre 2011, 246 pages

DROUET (P), « L'immatriculation foncière en A.O.F depuis le décret du 20 mai 1955 », Annales Africaines, 1958, pp.207-217.

DURAND (B), « Le juge colonial et l'introduction du droit de propriété, ou comment accompagner le législateur », *in* Le juge et l'outre-mer, *in* Les roches bleues de l'empire colonial, Publication du centre d'histoire judiciaire éditeur, 2004, pp.291-325.

DURAND (C),

-« Les tendances du droit pénal depuis l'indépendance », PENANT, 1973, n°741, pp.350-386 ;

-« Le droit pénal de la famille dans la République du Tchad », PENANT, 1970, n°729, pp.273-280 ;

-« Le vol dans les anciennes coutumes pénales du Tchad », PENANT, 1975, pp.450-459.

EBOUSSI (F), « L'identité négro-africaine », *in* Penser l'Afrique au XXe siècle : une anthologie, Présence Africaine, n°165/166, 2002, pp.65-76.

EMANE (J), « Les droits patrimoniaux de la femme mariée ivoirienne », Annales Africaines 1967, pp.85-126.

FADIKA (M), « Le droit, les sorciers, magiciens, guérisseurs, féticheurs et marabouts », PENANT, 1975, Vol 84, n°750, p.439-449

FALL (I), « Le droit constitutionnel au secours de l'authenticité et de la négritude, le serment du Président de la République, acculturation ou retour aux sources », Annales Africaines, 1973, pp.203-218

FALL (P.T), « La rupture du mariage coutumier en droit sénégalais : l'imbroglio juridique », Nouvelles Annales Africaines, 2011, n°2, pp.217-234.

FANOU (F)

-« L'expression du bonheur en droit béninois de la famille », Annales Africaines, Janvier 2020, n°Spécial, pp.275-304.

-« L'autorité parentale en droit béninois de la famille », Annales Africaines, Janvier 2020, n°Spécial, pp.417-452.

FARNSWORTH (E.A), « Le nouveau Code des obligations au Sénégal », Annales Africaines, 1963, pp.73-90.

FAYE (G.-C), « Les situations de fait en droit sénégalais de la famille », Annales Africaines, janvier 2022, n°Spécial, pp.141-184.

FOLQUET (L.G), « La situation juridique de la femme mariée dans le nouveau droit de la famille ivoirienne », RJPIC, n°4, 1974, pp.631-638.

FOYER (J), « Les destinées du droit français en Afrique », PENANT 1962, n°690, pp.1-6

GANNAGE (P), « L'État face au pluralisme des statuts familiaux au Liban », Revue Juridique et politique Indépendance et Coopération, n°1, Janvier-Mars 1967, pp.157-168

GASPARINI (E), « Le juge et la gestion de l'altérité : la question de la citoyenneté dans les colonies françaises et italiennes d'Afrique, *in* Le juge et l'outre-mer, Médée ou les impératifs du choix, Publication du Centre d'histoire judiciaire éditeur, 2007, Tome 3, pp.15-32.

GAZIER (F), « Les écoles d'Administration dans le tiers monde », PENANT, 1962, n°692, pp.365-371.

GAUDEMET (J), « La codification, ses formes et ses fins », *in* La codification et l'évolution du droit, RJPIC, n°3-4, 1986, pp.239-260.

GBENOU (G), « La famille dahoméenne », Revue Juridique et politique Indépendance et Coopération, n°1, Janvier-Mars 1967, pp.48-63.

GENDARME (R), « Problèmes juridiques et développement économique », *in* Les aspects du développement économique, Dalloz, 1966, pp.25-58.

GEORGES (PH), « L'École nationale d'administration du Sénégal », PENANT, 1964, n°703-704, pp.522-534.

GIRARD (J), « De la communauté traditionnelle à la collectivité moderne en Casamance (Essai sur le dynamisme du Droit traditionnel) », Annales Africaines, 1963, pp.135-165.

GLELE-AHANHANZO (M), « Théorie et pratique des droits de l'homme dans l'Afrique contemporaine », Annales Africaines, 1986-1987-1988, pp.132-141.

GONIDEC (P.F), « La contribution des universités des nouveaux États à la formation des cadres supérieurs », PENANT, 1965, n°707, pp. 305-317.

GOUROUZA (M. Z. A) « La gestation pour autrui à l'épreuve du droit nigérien », Annales Africaines, 2014, numéro spécial, pp.53-67.

GUEYE (A.-L), « Quelques aspects de la preuve en droit sénégalais moderne », RJPIC, n°1 et 2, 1985, pp.236-242

GUINCHARD (S),

- « Le juge et l'héritier en droit successoral sénégalais », PENANT, 1979, n°764, pp.1 39-163.

-« Note sur Cour suprême du Sénégal, 22 juillet 1981 », RSD, n°31, pp.19-30.

GULPHE (P),

-« Réflexions sur la législation guinéenne en matière de mariage », Annales Africaines, 1969, pp.89-100.

-« Le certificat de nationalité sénégalaise », Bulletin de l'Institut international de droit d'expression française, 1971, n°17, p.179-192.

HAMON (L), « La voie africaine du socialisme selon la pensée socialiste sénégalaise », PENANT, 1963, n°695, pp.13-30.

HAROUNA (Z.I),

-« Réflexions sur l'effectivité du système d'état civil au Niger », Annales Africaines, Avril 2022, Volume 1, n°16, pp.179-220 ;

-« La pratique de la supposition d'enfant et le droit nigérien », RASPOS, n°23, Septembre 2019, pp.248-280.

HAVERLAND (C), « Le droit des peuples à disposer d'eux-mêmes dans la pratique de l'organisation de l'unité africaine », 1986-1987-1988, pp.205-210.

HERBECQ (P), « Les causes de divorce en droit positif malgache », PENANT, 1971, n°734, pp.443-475.

HILAIRE (J),

-« Nos ancêtres les Gaulois », Annales Africaines 1964, pp.7-77 ;

-« Variations sur le mariage, à propos de la codification en Afrique noire », PENANT, 1968, n°720, pp.147-193.

HOUNDJAHOUE LAHAYE (S. H), *Quand le droit devient culture : le droit traditionnel au Bénin*, https://archipel.uqam.ca/5731/1/M13151.pdf, consulté le 15/09/2023, à 10h 04 mn

IGOHO (J), « Traits essentiels de la condition juridique de la femme gabonaise au regard de la loi n°15/72 du 29 juillet 1972 portant institution d'un livre premier du Code civil », RJPIC, n°4, 1974, pp.681-690

ISSA-SAYEGH (J), « La fiction et le droit », Annales Africaines, pp.71-112.

JALLAMION (C), « Le juge français face aux collectivités indigènes », *in* Le juge et l'outre-mer, *in* Les roches bleues de l'empire colonial, Publication du centre d'histoire judiciaire éditeur, 2004, pp.385-419.

JAMES (C.N.P), « La modernisation du droit de la famille », RSD, 1977, n°21.

JEOL (M), *La réforme de la justice en Afrique noire*, PEDONE, 1963, 183 pages.

KABANGE Clément, « L'ordre public et le droit traditionnel », RJPIC, 1972, n°2, pp.271-288

KAMENA (B), « La justice moderne et les systèmes coutumiers : quelle complémentarité ? in Servir par la plume et les arpents de terre, Mélanges en l'honneur de Samba TRAORE, Tome 1, L'harmattan Mali, 2021, pp.227-259.

KANE (M),

- « La protection des droits de la femme et le maintien de la famille », RSD, 1974, n°16, pp.33-43 ;

- « Condition de la femme sénégalaise mariée selon la coutume ouoloff islamisée », RJPIC, n°4, 1974, pp.779-787.

KEITA (I.M), « La protection du lien de parenté en droit malien », RASPOS, n°29/2020, pp.363-389.

KIMVIMBA (B.M), « Civilisation noire et justice », RJPIC, 1978, n°3, pp.831-858

KITTI (N.H), « La réforme du code foncier et domanial au Bénin : innovations et permanences », RASPOS, n°17, 2018, pp.307-332.

KIRSCH (M), « Le droit du travail et la coutume », RJPIC, n°1, 1966, pp.148-153

KOITA (A.K), « La constitutionnalisation du droit malien de la famille », RASPOS, n°29/ 2020, pp.60-87.

KOUASSIGAN (G), « Culture, famille et développement », RSD, 1977, n°21, pp.101-177.

LABBEE (X), « Le droit dans la post-humanité », Recueil Dalloz, 2023, p.1181

LAMPUE (P),

-« La coutume et le statut de la justice, la justice civile dans les États d'Afrique francophone et à Madagascar », RJPIC, 1966, n°1, pp.155-182 ;

-« Les sources du droit de la famille dans les États d'Afrique francophone », Revue Juridique et politique Indépendance et Coopération, n°1, Janvier-Mars 1967, pp. 20-33 ;

-« La justice coutumière dans les pays africains francophones », RJPIC, n°1, 1979, pp.3-19 ;

-« Le rôle de la jurisprudence dans l'évolution de la condition de la femme en Afrique noire francophone », RJPIC, 1974, pp.863-870

LANDRAUD (M), « Justice « indigène » et politique coloniale, L'exemple de la Côte d'Ivoire », PENANT 1978, n°759, pp.4-41.

LAVIGNE DELVILLE (PH), « Comment articuler législation nationale et droits fonciers locaux : expériences en Afrique de l'Ouest francophone », https://www.iied.org/sites/default/files/pdfs/migrate/7405FIIED.pdf, consulté le 15/09/2023 à 9 h 50 mn

LEDUC (G),

- « Structures familiales et développement économique en Afrique intertropicale », Revue Juridique et politique Indépendance et Coopération, n°1, Janvier-Mars 1967 pp.136-146 ;

- « Régimes fonciers et développement économique », RJPIC, n°4, 1970, pp.1223-1236.

LEKEBE (O.D), « « Les réformes du droit de la famille dans les États d'Afrique noire francophone », Annales Africaines, Volume 1, Avril 2017, n°6, pp.323-352.

LENGLART (E), « Les conflits de juridictions à l'épreuve de l'individualisme », RCDIP, 2023, p.317.

LE ROY (E),

-« La face cachée du complexe normatif en Afrique noire francophone »,
http://www.dhdi.free.fr/recherches/etatdroitjustice/articles/facecach.pdf, consulté le 15/09/2023 à 9h 42 mn

-« Réflexions sur une interprétation anthropologique du droit africain : Le laboratoire d'anthropologie juridique, RJPIC, 1972, n°3, pp.427-448 ;

-« Droit et développement en Afrique noire francophone après dix années d'indépendance politique », RSD 1971, n°9, pp.53-86 ;

-« Pourquoi faut-il plaider la cause de la décolonisation du droit au Sahel (et ailleurs) ? Afrique contemporaine, 271-272, pp.41-63.

LY (I), « Les pouvoirs de l'État dans la régulation du système foncier en droit sénégalais, Annales Africaines, 2017, Volume 2, n°7, pp.1-51.

MAHAMANE (D), « Le mariage au Niger », Revue Juridique et politique Indépendance et Coopération, n°1, Janvier-Mars 1967, pp.pp.105-116.

MAIGA (A.I), « L'égalité en droit malien de la famille », Annales Africaines, Janvier 2020, numéro spécial, pp.135-178.

MAKOSSO (A.C), « La volonté du *de cujus* en droit congolais des successions », Annales Africaines, 2021, n° Spécial, pp.269-291.

MANGIN (G),

- « Commentaire de l'ouvrage de Jeanne-Françoise Vincent, *Traditions et transition. Entretiens avec des femmes Beti du Sud-Cameroun, Berger-Levrault*, Paris 1976, 166 pages », RJPIC, n°2, 1978, pp.801-802 ;

- « Le droit pénal de la famille dans les États africains d'expression française », RJPIC, 1968, n°1, pp.141-155 ;

- « L'influence des conceptions juridiques occidentales sur l'organisation judiciaire dans les pays d'Afrique francophone », RJPIC, n°1, 1966, pp.185-202 ;

-Commentaire de l'ouvrage de GUY Kouassigan, *Quelle est ma loi ? Tradition et modernisme dans le droit privé de la famille en Afrique noire francophone*, PEDONE, Paris 1974, 311 pages, RJPIC, n°1, 1968, pp.143-144 ;

-« L'organisation judiciaire des États d'Afrique et de Madagascar », RJP, 1962, pp.77 et s.

MASSIP (J), « L'évolution actuelle du droit français de la famille », Revue Juridique et politique Indépendance et Coopération, n°1, Janvier-Mars 1967, pp.190-200.

MATHE (M), « La justice face à la sorcellerie », PENANT 1976, n°753, pp.311-326.

MBA OWONO (C), « Interrogations sur le mariage coutumier. Essai de lecture d'une ordonnance du tribunal de première instance de Libreville », *in* Servir par la plume et les arpents de terre, Mélanges en l'honneur de Samba TRAORE, Tome 1, L'harmattan Mali pp.363-387.

MBACKE (M.M),

-« La femme sénégalaise en droit coutumier, les règles traditionnelles et leur évolution », RJPIC, n°4, 1974, pp.770-778 ;

-« De la protection de la femme et de l'enfant dans le Code sénégalais de la famille » : les dispositions protectrices », RSD, 1972, pp.5-49 ;

-« De la protection de la femme et de l'enfant dans le Code sénégalais de la famille », RSD, 1973, n°13, pp.31-43.

MBAPPE (R.M), « A propos de deux lois sur le mariage au Cameroun », PENANT, 1970, n°730, pp.419-440.

MBARGA (E), « Quelques réflexions sur le projet de loi réorganisant l'état civil au Cameroun oriental et portant diverses dispositions relatives au mariage », PENANT 1966, n°712, pp.285-302 ;

M'BAYE (K),

-« Droit et développement en Afrique francophone de l'Ouest », *in* Les aspects du développement économique, Dalloz, 1966, pp.121-164 ;

-« L'organisation judiciaire au Sénégal », PENANT 1965, n°705, p.27-34 ;

-« L'organisation judiciaire au Sénégal », PENANT, 1965, n°706, pp.155-222 ;

-« « Droit et développement en Afrique francophone de l'Ouest », RSD, 1967, pp.23-81 ;

-« L'unification du droit en Afrique », RSD, 1971, n°10, pp.65-81 ;

-« Le droit africain : ses voies et ses vertus », RSD, 1970, n°7, pp.5-24.

M'BENGUE (A.B), « La réforme foncière et agraire au Sénégal », PENANT, 1965, n°707, pp.297-303

MELONE (S),

-« Les juridictions mixtes de droit écrit et de droit coutumier dans les pays en voie de développement, Du bon usage du pluralisme judiciaire en Afrique : l'exemple du Cameroun », RIDC, n°2, 1986, pp.327-346 ;

- « Les résistances du droit traditionnel au droit moderne des obligations », RSD, 1977, n°21, pp.253-256.

-« Le poids de la tradition dans le droit africain contemporain, A propos du phénomène polygamique au Cameroun et ses prolongements juridiques », PENANT 1971, n°734, pp.420-441.

MIGNOT (A),

-« La justice traditionnelle, une justice parallèle », L'exemple du Sud-Togo », PENANT, 1982, n°775, pp.5-30.

-« Droit coutumier et anthropologie juridique (ou réflexions sur les études de droit coutumier), PENANT, 1977, n°757, pp.353-363.

MICHELET (E),

-« Politique criminelle et prophylaxie sociale au Sénégal », Annales Africaines, 1980, pp.111-167 ;

-« GUY ADJETE KOUASSIGAN (1934-1981) », Annales Africaines, 1983, 1984, 1985, pp.365-366.

MINKADA (H.M.M), « Justice idéale et justice juridique : plaidoyer pour une justice juridique légitime », Annales Africaines, 2016, Volume 2, n°5, pp.229-247.

MOLEUR (B),

-« Genèse de la loi relative au domaine national (loi 64/46 du 17 juin 1964), Annales Africaines, 1983-1984-1985, pp.11-37 ;

-« Traditions et loi relative au domaine national (Sénégal), Annales Africaines, 1981, pp.7-43

MONTAZEL (L), « Le juge, interprète de l'identité et de la volonté de l'indigène, le rôle de la signature dans les contrats », *in* Le juge et l'outre-mer, *in* Les roches bleues de l'empire colonial, Publication du centre d'histoire judiciaire éditeur, 2004, pp.371-384.

NDIAYE (A), FALL (S), « Le contentieux de la gestion du domaine national devant la Cour suprême », *in* Actes du Colloque de l'UFR Sciences Juridiques et Politiques de l'Université Gaston Berger de Saint-Louis des 15 et 16 décembre 2011, L'harmattan, 2013 pp.91-94

NDIAYE (A.T), « Le Code de la famille du Sénégal, quarante ans après son entrée en vigueur », Annales Africaines, Volume 2, 2015, n°3, pp.157-186.

NDIAYE (C.A. W), « L'écrit dans le Code de la famille du Sénégal », Annales Africaines, Volume 1, 2014, pp.95-122.

NDIAYE (C. A. T),

-« Droit et religion dans les différents systèmes juridiques contemporains », RASPOS, n°12/ Janvier 2017, pp.60-90.

-« L'établissement de l'état civil dans les colonies françaises : une approche jurisprudentielle », Annales Africaines, 2015, Volume 2, n°3, pp.93-115.

NDIAYE (E.H. S), « La compétence internationale des juridictions sénégalaises en matière de divorce », Annales Africaines, 2017, Volume 2, n°7, pp.205-253.

N'DIAYE (I.Y),

- « L'envers du droit traditionnel dans le code de la famille », Revue de l'association sénégalaise de droit pénal, juillet-Décembre 1995, pp.40-52 ;

- « Réflexions sur une cause de divorce : l'incompatibilité d'humeur », EDJA, 1987, n°13, pp.2 et s

- « Le mariage à l'épreuve du droit traditionnel », RSD, 2011, n°36, pp.13 et s

NDIAYE (L), THIAM (M.D), « La domination masculine aura-t-elle toujours le dernier mot ? » ? RASPOS, n°31, Mars 2021, pp.268-279

NDIAYE (N.C.M), « Liberté individuelle et formation du mariage en droit sénégalais », Annales Africaines, Volume 2, Décembre 2014, pp.44-74.

NDIR DIAGNE (S.), « La problématique de l'annulation du mariage en droit sénégalais », Annales Africaines, 2017, Volume 2, n°7, pp.53-93.

NDOCKO (N-C), « Les manquements au droit de la famille en Afrique noire », R.I.D.C, Vol. 43 N°1, Janvier-mars 1991. pp. 87-104.

NDOYE (D), « Droit des peuples et codification, quelques exemples au Sénégal », *in* La codification et l'évolution du droit, RJPIC, n°3-4, 1986, pp.441-446.

NENE-BI (S), « La monopolisation des terres par l'État ivoirien », in L'enfant du droit entre pouvoir et société, Servir par la plume et les arpents de terre, L'harmattan Mali, 2021,Tome I, pp.559-590.

NGOM (M),

-« Le logement familial en droit sénégalais », in Servir par la plume et les arpents de terre, Mélanges en l'honneur de Samba TRAORE, Tome 1, L'harmattan Mali, 2021, pp.389-445 ;

-« Intégration économique et pluralité normative en Afrique de l'Ouest », Du pluralisme monologique à un pluralisme dialogique », RASPOS, n°18/ Septembre 2018, pp.445 et s ;

-« L'esprit du droit économique africain », Annales Africaines, 2016, Volume 2, n°5, pp.41-60.

NIANANKORO (D), « Réflexions sur la consécration du divorce par consentement mutuel au Mali », RASPOS, n°30, janvier 2021, pp.434-469.

NIANG (L), « La preuve du mariage en droit sénégalais », RJPIC, n°1 et 2, 1985, pp.243-247.

NIANG (M),

-« Structures parentales et stratégie juridique du développement en Afrique noire francophone », RSD, 1972, n°11, pp.59-87 ;

-« Réflexions sur le régime des terres au Sénégal », RSD, 1974, n°16, pp. 5-20.

-« Régime des terres et stratégie de développement rural au Sénégal », RSD, 1977, n°21, pp.245-252.

NIANG (M.B), « Solidarités familiales et prise en charge des vulnérabilités économiques en droit sénégalais de la famille », Nouvelles Annales Africaines, 2011, n°2, pp.235-264.

NIASS B (C), « Sénégal, Bénin, Côte d'Ivoire », *in* Egalité, genre et Constitution, Annuaire International de Justice Constitutionnelle, 2018, n°34, pp.429-444.

NIKYEMA (P), « Le projet de code du mariage et l'abandon du domicile conjugal », RJPIC, n°3, 1968, pp.833-852.

NKUMISONGO (R), KALALA ILUNGA (M), « Droit de la famille originairement africain : une analyse critique du pluralisme successoral en République Démocratique du Congo », https://www.nomos-elibrary.de/10.5771/2363-6262-2020-1-172.pdf?download_full_pdf=1, consulté le 15/09/2023 à 9h 39 mn.

NOBLE (B.P), « Mémoire sur quelques aspects du régime foncier au Sénégal, en Angleterre et en Gambie », Annales Africaines, 1965, pp.229-249.

NZOUABETH (D), « L'enfant incestueux en droit sénégalais », Annales Africaines, 2021, n°Spécial, pp.109-136.

ODAH (I.C), « Socrate et la pédérastie », RASPOS, n°32, juin 2021, pp.451-462.

PAGEARD (R),

-« La réforme des juridictions coutumières et musulmanes dans les nouveaux États de l'Afrique de l'Ouest », PENANT, 1963, pp.462-493 ;

-« Mangeurs et mangeuses d'âmes chez les MOSSI (Haute-Volta), PENANT, 1970, pp.301-340.

PIAME-OLOLO (N.L), « De l'État en Afrique à l'État africain, problématique actuelle des chercheurs autochtones », RJPIC, n°3, 1984, pp.775-793.

PLANQUE (J-C), « Le droit pénal : grand absent du débat sur la fin de vie ! », Recueil Dalloz 2023, p.1408

RABIAZA (P), « Le mariage malgache », PENANT, 1970, n°728, pp.133-151.

RAHARIJAONA (H.R),

-« Le droit malagasy de la famille », PENANT 1968, n°722, pp.433-448 ;

-« La condition juridique de la femme en droit privé « Malagasy », Revue Juridique et politique Indépendance et Coopération, n°1, Janvier-Mars 1967, pp. 130-135 ;

-« Codification du droit de la famille, l'exemple de Madagascar », RSD, 1977, n°21, pp.191-204.

RAMALANJAONA J,

« La sorcellerie », PENANT 1967, pp.447-461 ;

« La sorcellerie », PENANT, 1968, n°719, pp.77-100 ;

-« Du droit coutumier aux codes modernes malgaches », PENANT, 1962, n°692, pp.327-347.

RAMANGASOAVINA (A), « Du droit coutumier aux codes modernes malgaches », PENANT, 1962, n°692, pp.327-347.

RAU (E), « Le juge et le sorcier : les sacrifices humains », Annales africaines, 1957, pp.305-319.

REY (G), « Les français et les entreprises françaises devant la révolution africaine », PENANT 1962, n°690, pp.67-73.

RIVES (G), « Théorie générale des obligations en droit sénégalais », RSD, 1971, n°10, pp.5-61.

SAMBA (A), SY (M), « Le juge spécialisé sous l'ancien régime colonial », RSD, 1974, n°15, pp.5-27.

SARR (D), « Jurisprudence des tribunaux indigènes du Sénégal, les causes de rupture du lien matrimonial de 1872 à 1946 », Annales Africaines 1975, pp.143-178.

SARR (F), « Comment penser autrement l'avenir de l'Afrique » *in* Les chantiers de l'avenir, Géopolitique Africaine, n°55, 2015, pp.211 et s

SCHAEFFER (E),

-« De l'importation de codes à la fin du 19e siècle et au début du 20e siècle et de leur réception », *in* La codification et l'évolution du droit, RJPIC, n°3-4, 1986, pp.261-281 ;

-« Droit du développement et développement du droit de la propriété foncière en France », pp.73-94.

SECK (P.O),

- « Stratégies juridiques et politique coloniale au Sénégal », (1903-1912), RASPOS, n°2, 2014, pp.137-186 ;

- « L'évolution des pratiques contractuelles face aux coutumes en Afrique subsaharienne pendant la période 1900-1960 », RASPOS, n°2, 2014, pp.213-267 ;

- « Le juge musulman au Sénégal et en Algérie (1830-1960) Reconnaître l'autre…pour mieux le maîtriser ?, *in* Le juge et l'outre-mer, Médée ou les impératifs du choix, Publication du Centre d'histoire judiciaire éditeur, 2007, Tome 3, pp.227-248 ;

- « Le *tound* au Sénégal : entre pratiques culturelles et droit foncier moderne », *in* Actes du Colloque de l'UFR Sciences Juridiques et Politiques de l'Université Gaston Berger de Saint-Louis des 15 et 16 décembre 2011, L'harmattan, 2013, pp.59-84.

SENE (D), « Eléments de sociologie de la déviance homosexuelle : quelle position du sociologue dans le débat sur la dépénalisation du délit d'homosexualité au Sénégal ? », RASPOS, n°11, Octobre 2016, pp.402 et s.

SENE (D), MANE (Y), « Sévices corporels, violences sexuelles, traumatisme de l'enfant et de l'adolescent africains : une approche psychosociologique et littéraire », RASPOS, n°25, janvier 2020, pp.100-126.

SIDIBE (D.S), « Le droit du mariage à l'épreuve du pluralisme juridique : de la période coloniale au Mali indépendant, RASPOS, n°26/Mars 2020, pp.83-144.

SIDIBE SOW (A), « La codification du droit de la famille dans les États d'Afrique francophone au Sud du Sahara : Exemple du Sénégal », *in* La Codification juridique dans les pays francophones, Droit Sénégalais, 2008, n°7, pp.191-218.

SIDIME (L),

-« OHADA, un droit fiable et sécurisant : plaidoyer auprès des usagers et professionnels du droit en République de Guinée », Annales Africaines, 2016, Volume 2, n°5, pp.249-275 ;

-« Le régime du mariage coutumier dans le code de la famille du Sénégal », 1989-1990-1991, pp.313-367.

SOBZE (S), « Existe-t-il un ordre juridique africain ? », RASPOS, n°11, Octobre 2016, pp.5-67.

SY (D), « Normativité et juridicité (Brèves réflexions sur la normativité juridique », Nouvelles Annales Africaines, 2009, n°1, pp.11-47.

TALFI (B), « Quel droit applicable à la famille au Niger ? », Annales Africaines, Volume 1, Avril 2015, pp.295-332.

TANDINA (N), « Le droit des biens immobiliers en pays Bamiléké au Cameroun et Sarakole au Mali pendant la période précoloniale : regard croisé entre les deux coutumes », RASPOS, n°26/ Mars 2020, pp.234-264.

THIAM (S), « L'histoire de la procédure civile au Sénégal (1823-1964) », Nouvelles Annales Africaines, 2008, n°2, pp.171-207.

TOURE (I), « Dynamiques constituantes et instituantes d'entreprise à nom marital », *in* Servir par la plume et les arpents de terre, Mélanges en l'honneur de Samba TRAORE, Tome 1, L'harmattan Mali pp.447-477.

TOUSSE (D.J), « La dot entre ambiguïtés économiques et réalités sociales au Cameroun : une analyse des dits et des non-dits du mariage coutumier chez les Bamiléké », RASPOS, n°23, Septembre, 2019, pp.228-247.

TRAORE (B), « Droit de l'homme en Afrique : l'évolution de leur conception et de leur pratique », Annales Africaines, 1986-1987-1988, pp.149-176.

TRAORE (S), « Droit coutumier et coutume, réflexions sur le langage du juriste des institutions traditionnelles africaines (Quelques exemples de concepts tirés du droit *soninke* du *Gajaaga*-Sénégal) », Annales Africaines, 1989-1990-1991, pp.47-63.

TUNC (A),

-« Les aspects juridiques du développement économique », *in* Les aspects du développement économique, Dalloz, 1966, pp.1-23 ;

-« La vie du droit en Afrique », RJPIC, 1978, n°2, pp.722-723.

VANGAH (D), « Le statut de la femme mariée dans le nouveau droit de la famille en Côte d'Ivoire », Revue Juridique et politique Indépendance et Coopération, n°1, Janvier-Mars 1967, pp.96-104.

VAN ROUVEROY (E.A.B), « La justice coutumière dans le Nord-Togo », PENANT, 1976, n°751, pp.35-70.

VERDIER (R),

-« Droits pré-étatiques et théorie du droit », Revue interdisciplinaire d'études juridiques, 1988/2, pp.191-205 ;

-« L'acculturation juridique dans le domaine parental », Année sociologique, 1976, Volume 27, pp.403-423 ;

-« Le mariage dans la pensée Kabré », RJPIC, 1968, n°1, pp.157-162.

YAGUIBOU (T), « Le lévirat en pays kassena et Lobi », Revue Juridique et politique Indépendance et Coopération, n°1, Janvier-Mars 1967, pp.64-74.

YAYA (A), « Le concept d'effectivité de la norme juridique », Annales Africaines, Volume 2, Décembre 2022, n°17, pp.1-42.

YOTNDA (N), « Vers l'institutionnalisation de l'adultère et de l'union naturelle ? », PENANT, 1977, n°757, pp.341-351.

ZANKIA (Z), « Le droit OHADA et le droit communautaire », Annales Africaines, Volume 1, Avril 2021, n°14, pp.401-432.

ZENATI-CASTAING Frédéric, « La jurisprudence révélée », RTD Civ. 2023 p.1.

Table des matières

Structures éditoriales du groupe L'Harmattan

L'Harmattan Italie
Via degli Artisti, 15
10124 Torino
harmattan.italia@gmail.com

L'Harmattan Hongrie
Kossuth l. u. 14-16.
1053 Budapest
harmattan@harmattan.hu

L'Harmattan Sénégal
10 VDN en face Mermoz
BP 45034 Dakar-Fann
senharmattan@gmail.com

L'Harmattan Cameroun
TSINGA/FECAFOOT
BP 11486 Yaoundé
inkoukam@gmail.com

L'Harmattan Burkina Faso
Achille Somé – tengnule@hotmail.fr

L'Harmattan Guinée
Almamya, rue KA 028 OKB Agency
BP 3470 Conakry
harmattanguinee@yahoo.fr

L'Harmattan RDC
185, avenue Nyangwe
Commune de Lingwala – Kinshasa
matangilamusadila@yahoo.fr

L'Harmattan Congo
219, avenue Nelson Mandela
BP 2874 Brazzaville
harmattan.congo@yahoo.fr

L'Harmattan Mali
ACI 2000 - Immeuble Mgr Jean Marie Cisse
Bureau 10
BP 145 Bamako-Mali
mali@harmattan.fr

L'Harmattan Togo
Djidjole – Lomé
Maison Amela
face EPP BATOME
ddamela@aol.com

L'Harmattan Côte d'Ivoire
Résidence Karl – Cité des Arts
Abidjan-Cocody
03 BP 1588 Abidjan
espace_harmattan.ci@hotmail.fr

Nos librairies en France

Librairie internationale
16, rue des Écoles
75005 Paris
librairie.internationale@harmattan.fr
01 40 46 79 11
www.librairieharmattan.com

Librairie des savoirs
21, rue des Écoles
75005 Paris
librairie.sh@harmattan.fr
01 46 34 13 71
www.librairieharmattansh.com

Librairie Le Lucernaire
53, rue Notre-Dame-des-Champs
75006 Paris
librairie@lucernaire.fr
01 42 22 67 13

www.ingramcontent.com/pod-product-compliance
Lightning Source LLC
LaVergne TN
LVHW011024061026
849535LV00006B/2040
* 9 7 8 2 3 3 6 4 3 3 5 9 2 *